MÉMOIRES

D'UN

PRISONNIER EN RUSSIE.

MÉMOIRES

D'UN

PRISONNIER EN RUSSIE,

PAR M. PAGAN,

ANCIEN CHEF D'ESCADRON AU CORPS ROYAL D'ÉTAT-MAJOR.

LYON.

IMPRIMERIE DE L. BOITEL,

QUAI SAINT-ANTOINE, 36.

1843.

MÉMOIRES

D'UN

PRISONNIER EN RUSSIE.

———

Je n'aurais jamais songé à écrire mes Mémoires, quoique ma pensée se complût à rassembler des souvenirs qui me deviennent de plus en plus chers avec le temps, si je n'avais acquis tout récemment la preuve des infâmes calomnies à l'aide desquelles on cherche à ternir la gloire de plusieurs des défenseurs de notre patrie. J'ai regardé alors comme un devoir de les réfuter, et je livre aujourd'hui au public cet opuscule, tout imparfait qu'il soit.

C'était vers la fin de 1808 : nous étions

encore à guerroyer en Catalogne, bloqués dans Barcelone avec un petit corps d'armée composé de deux faibles divisions, l'une française, l'autre italienne, sous les ordres de M. le lieutenant-général Duhesme, d'une bravoure et d'une expérience militaire incontestées. Déjà l'on savait que l'empereur Napoléon se préparait à mesurer son épée avec celle de son frère de Saint-Pétersbourg.

En attendant que la rupture fût déclarée, notre général en chef brillait dans Barcelone, s'y faisait admirer, se montrait digne enfin de figurer parmi les instruments de gloire du vainqueur de tant de batailles, homme vraiment infatigable, presque toujours en mouvement pour déjouer par terre et par mer les tentatives des armées espagnole et anglaise. Le plus difficile de sa position c'était d'assurer la subsistance de sa garnison, ce qui lui causa fréquemment de vives inquiétudes, car rien ne pouvait nous parvenir de France. A ma connaissance, il n'est entré dans le port qu'une partie d'un convoi de grains qui avait échappé comme par miracle, car les frégates anglaises faisaient bonne garde. Elles se plaisaient à nous canonner; et le plus souvent, au milieu de la nuit, toute la garnison prenait les armes, et le général en chef, avec ses officiers, parcourait les postes pour s'assurer que chacun faisait son devoir; aussi, je n'ai pas souvenir qu'un seul ait été victime de la frénésie britannique.

Assez ordinairement, M. le général en chef, dans sa prévoyance à faire entrer des vivres dans la place, saisissait le moment d'une insulte pour lancer des colonnes mobiles qui parcouraient tous les environs à quatre, cinq et six lieues à la ronde, et il était rare qu'on ne ramenât pas des bêtes à cornes, du blé, de l'orge, des légumes et même du vin qui n'était destiné qu'aux hôpitaux.

A la tête des colonnes marchait presque toujours M. l'adjudant commandant d'Ordonneau, actuellement lieutenant-général, homme de guerre admirable avec sa mine douce et enfantine. Je ne lui ai jamais entendu dire un mot de ses exploits dans les combats, mais je l'ai toujours vu exalter les hauts faits de ceux qui servaient sous ses ordres, seul il obtenait des succès marquants, et c'est en lui que le général en chef mettait toute sa confiance. Aussi le commandant d'Ordonneau marchait-il toujours à l'ennemi quatre fois, pendant que les autres n'y allaient qu'une ; et, circonstance qui ajoute à son mérite, quoiqu'il fût la terreur des paysans armés, il en était aimé comme des habitants paisibles, parcequ'il était humain pour tous. Après l'action, il consolait de son mieux, froissait le moins possible, toujours attentif au bien-être de sa troupe et y faisant participer les prisonniers qu'il avait faits ; d'autres se bornaient à donner des ordres, mais lui se complaisait à en prendre soin ; aussi les soldats ne le désignaient-ils que sous le nom flatteur de notre père. C'était vraiment un plaisir de les entendre quand les colonnes qu'il devait commander s'assemblaient soit de jour, soit de nuit. « Bonne besogne aujourd'hui, notre père est avec nous. »

Parmi un grand nombre d'actions de M. d'Ordonneau auxqu'elles j'ai assisté, je n'en citerai qu'une complètement présente à ma mémoire : Un colonel était sorti le matin avec quatre bataillons ; ayant marché une grande partie de la journée sans avoir rencontré un seul ennemi, ce qui était rare, il allait rentrer dans la place, quand il aperçut sur les hauteurs, à peu près vis-à-vis de la Maison Rouge, à une courte distance de Barcelone, une nuée d'ennemis. M. le colonel fait ses dispositions et les attaque, mais timidement, ce qui donne de l'audace aux Espagnols ; une vive fusillade s'engage, l'ennemi gagne du terrain.

Le colonel dépêche une ordonnance au général pour lui demander un renfort d'un bataillon. Il fut bientôt prêt, M. le baron d'Ordonneau était à la tête ; nous suivîmes le mouvement. La fusillade se nourrissait de plus en plus, et le colonel vivement ramené, fut sur le point d'être coupé. Nous arrivâmes à temps. Au plus fort de la fusillade, trois mauvais sujets, les plus hideux du corps d'armée furent surpris dans une maison faisant violence aux femmes qui s'y trouvaient. Ils furent amenés au général en en chef, qui, sur-le-champ, assembla un conseil de guerre. Les voix furent recueillies, et, en moins d'un quart d'heure, ces misérables étaient fusillés.

Pendant qu'on purgeait la colonne de trois soldats qui la déshonoraient, M. le baron d'Ordonneau lorgnait l'ennemi et ruminait ses dispositions; il me dit : « Comment trouvez-vous une *mazette* de colonel qui se laisse ramener avec quatre bataillons. » Puis s'adressant au général en chef : « Inutile de chercher à tourner l'ennemi, ce serait trop long. Je veux l'attaquer de front, malgré son avantage de position. Je ne veux que le bataillon que vous m'avez confié; je veux recevoir des coups de fusil sans en rendre ; M. le colonel marchera sur Saint-Culgat et Saint-Filiou pour éclairer la route, c'est sur ce dernier point que je me réunirai à lui; je ne demande que votre approbation. Il l'eut tout de suite.

Nous marchâmes à l'ennemi qui semblait disposé à tenir ferme. Pendant que nous marchions l'arme au bras, la fusillade fut vive, mais ne dura pas : en moins de dix minutes, cette masse de paysans armés avait disparu. On pouvait supposer qu'elle nous attendait dans une autre position ; mais quand nous eûmes franchi la côte, aucune trace d'ennemi ne se montra et nous fîmes notre jonction sans le moindre obstacle. A la nuit close, M. d'Ordonneau prit le commandement de toute la colonne, et alla prendre position à Papiole, pour en repartir à deux heures du matin et pousser le plus loin possible ses courses. En passant par Sabadielle, M. le colonel se trouvait sous ses ordres, très probablement chagrin d'avoir vu culbuter l'ennemi avec un seul mince bataillon, ce qu'il n'avait pu faire avec quatre. M. d'Ordonneau agissait toujours dans cette conviction que, dans ce genre de guerre, l'audace assurait la victoire ; aussi quand l'ennemi se présentait, jamais il ne le marchandait, et il était attaqué aussitôt qu'aperçu. Son absence de trois jours procura des vivres à la garnison.

De mon côté, je fus mis à la tête d'un détachement de 150 hommes pour me rendre à Prats, d'où je devais ramener le plus

de grains possible. Je me mis en route à
deux heures du matin, et après avoir franchi le Lliobrega, je laissai au bord de ce
fleuve mon petit détachement de cavalerie
presque tout entier, pour garder les voitures chargées qui devaient s'y réunir; il est
inutile de dire que le général en chef était
convenu avec le corrégidor de tenir prêts
cinquante ou soixante sacs de blé. Je conduisis mon infanterie sur la place. Je dési-
gnai un certain nombre de tirailleurs pour
les opposer à quelques coups de fusil que
nous recevions des hauteurs. Je laissai le
reste sous les ordres d'un officier suisse auquel je prescrivis de protéger les habitants,
le rendant responsable du moindre désordre et lui recommandant de ne laisser s'é-
loigner aucun de ses hommes. En outre,
afin qu'on ne pût m'alléguer pour excuse
ni la faim ni la soif, je fis donner du pain
et du vin; alors je crus par ces précautions
avoir assuré ma tranquillité. Je me fis donner des guides pour toutes les fermes qui
avaient à fournir; je plaçai un cavalier à
chacune avec ordre de faire activer et con-

duire sur le point de réunion pour n'en
plus bouger. Je me rendis successivement
en grande hâte à toutes ces fermes pour
m'assurer que chacun y apportait la dili-
gence nécessaire; puis, quand je fus bien
certain que tout marchait à souhait, j'allai
visiter le gros de mon détachement; mais
quel ne fut pas mon étonnement de n'en
trouver qu'un petit nombre au poste! Un
roulement me les ramena tant bien que
mal, la plupart ivres, l'officier lui-même
ne pouvant dire une parole ni se tenir sur
ses jambes! Dans mon indignation, je l'ac-
cablai de reproches violents, le menaçant
de rendre compte de sa conduite au général en chef auquel, s'il fût arrivé en ce moment, j'aurais tout déclaré; sa conduite ren-
dait cet officier passible d'un conseil de
guerre, mais la réflexion me rendit indul-
gent; il se montra d'ailleurs si repentant,
me fit tant d'excuses que j'en fus attendri
et me décidai à ne pas perdre un homme
qui peut-être s'était oublié pour la première
fois; mais, il faut en convenir, mon devoir
était de le sacrifier à la discipline militaire,

car si les habitants de ce village eussent été méchants, nous pouvions être tous massacrés.

Quand tous mes hommes furent réunis sous les armes, qu'ils eurent reçu une vive réprimande et que je les eus prévenus du sort réservé à ceux que je ne trouverais pas au poste, je me remis à parcourir les fermes et j'éprouvai la jouissance de voir que tout allait fort bien ; puis je fis prendre un temps de galop au gros de mon détachement que je retrouvai toujours sage, tous les chasseurs ayant rempli leur devoir dans les formes avec un zèle vraiment louable, en sorte que mon convoi de quinze voitures se trouvait réuni à huit heures du soir. Nous nous mîmes alors en marche, et, deux heures plus tard, nous étions aux portes de la place. Je ne pouvais faire entrer ce convoi à pareille heure : je fus obligé de le camper à une portée de fusil, non sans un extrême regret, car j'avais un triste pressentiment qui fut réalisé. Cependant, je jouissais de l'entier succès de ma mission et il me tardait d'en rendre compte. Je fis placer mes voitures en ordre et les fis entourer d'une garde de quinze hommes et un sergent L'officier suisse avait repris son sang-froid ; je le pénétrai de l'importance de sa mission, lui faisant observer que sa surveillance devait être d'autant plus active que la pénurie qui régnait dans la ville donnait une valeur énorme au blé qui lui était confié ; que s'il parvenait à faire verser intact dans les magasins ce convoi de soixante sacs, je ferais valoir ce service au général en chef. Je vérifie avec lui ces soixante sacs, et je pars pour rendre compte de l'opération. Le général m'embrasse et me témoigne sa satisfaction en termes flatteurs. Mais le lendemain il n'en était plus ainsi. Il me fait appeler pour me foudroyer de reproches : Je lui en avais imposé, disait-il ; l'agent des vivres n'avait pas reçu la moitié de ce que j'avais annoncé. On jugera si je devais être indigné ; et comme j'élevais la voix plus que les convenances ne le permettaient en voulant me justifier, le général me criait de toute la force de ses poumons : « Je vous entends bien, je ne suis pas sourd. » Quels étaient

les coupables? Les soldats étaient-ils les vo-
leurs? L'agence des vivres n'aurait-elle délivré un récépissé moindre que pour en
retenir le surplus à son profit? C'est vainement que je me suis efforcé de découvrir la
vérité, et j'ai dû me résigner à de graves reproches non mérités.

Nous étions alors au mois de décembre
1809 et très ennuyés du blocus. Tout-à-coup
nous apprenons que M. le général Saint-Cyr
manœuvre sur nous avec un corps de 30,000
hommes, formé à Perpignan. Le général
Duhesme fit marcher à sa rencontre une
colonne qui joignit l'avant-garde près de
Granouillès. La joie est vive, on s'embrasse,
on est heureux. Le lendemain, M. le général
Saint-Cyr entra dans Barcelone et vint serrer
le général Duhesme, son ancien compagnon
de gloire de l'armée du Rhin. Je ne saurais
assez témoigner le bonheur que chacun
éprouvait de la cessation du blocus; mais
ce plaisir ne dura pas. M. le général Saint-
Cyr resta peu; l'armée espagnole qu'il avait
chassée devant lui, se réunissait, se grossis-
sait et prenait position en avant de Saint-

Féliou. M. le général Saint-Cyr fait ses dispositions pour la combattre. Nous l'accompagnâmes sur le champ de bataille. En peu d'instants, les deux armées étaient aux prises, et en moins de trois heures, le général Saint-Cyr avait remporté une victoire facile : il s'était emparé de quelque artillerie et de 800 prisonniers. Si mes souvenirs ne me trompent pas, de là il poursuivit l'ennemi sur Villa-Franca, alla détruire la poudrière que les Espagnols avaient à Manrez, et continua ses opérations sur Lérida où il délivra des prisonniers que nous avions perdus dans une malheureuse affaire, sur la route de Granouillès. Nous savions que de là son intention était de manœuvrer sur Tarragone et de tâcher de s'en emparer par des démonstrations seulement, n'ayant pas un train d'artillerie assez considérable pour un siége régulier. Depuis ce moment, nous n'eûmes plus de relation avec ce corps d'armée, et nous fûmes encore bloqués comme auparavant.

M. le général Saint-Cyr, avant son départ, avait désigné un officier supérieur pour porter ses dépêches à l'Empereur. De son côté, le général Duhesme, qui n'aimait pas à éloigner ses officiers de sa personne, en chercha un hors de son état-major pour porter les siennes; mais ceux qu'il desirait ne se soucièrent pas de cette mission et elle m'échut. J'en fus enchanté, car je n'étais alors que lieutenant et je desirais être capitaine, malgré les périls que j'allais risquer, et dont le moindre était d'être pris par les Anglais, à une époque surtout où les Espagnols traitaient sans quartier. Un bateau à douze rames devait nous transporter à Rose; mon compagnon de voyage avait la faveur de donner la main à une jeune et jolie femme; mais trève d'éloges, disons simplement qu'elle était *française*. Son père avait à Barcelone une maison de commerce où nous avions passé quelques soirées avec le général Duhesme; mais je n'y avais jamais rencontré cette dame qui bravait tous les périls de la mer pour rejoindre son mari attaché à l'état-major du prince Berthier, avec le grade de colonel. Elle avait embarqué avec elle sa femme-de-chambre et un enfant de

trois ou quatre ans. Elle était à l'arrière du
bateau avec mon compagnon de mission,
son enfant et sa bonne. Le temps fut assez
beau toute la nuit, la navigation allait très
bien. Quand arriva le petit jour, nous étions
tout transis de froid. La bonne alla avec
l'enfant s'asseoir tout-à-fait à la proue; mais
sur les dix heures du matin, vint une pluie
qui augmentait toujours; la mer devint ora-
geuse, les vagues balançaient notre frêle
bâtiment d'une manière qui mettait en pleurs
la tendre mère, redoutant bien moins pour
elle que pour son enfant le danger imminent
auquel nous étions exposés. La barque
était pleine d'effets ou de marchandises;
personne n'osait bouger dans la crainte
d'être précipité à la mer; et la femme-de-
chambre était plus alarmée que les autres.
Chacun se montrait sourd aux lamentations
de cette dame qui demandait à grands cris
qu'on lui apportât son enfant dans ses bras.
Enfin, ne pouvant résister aux larmes qu'elle
versait, je me précipitai pour m'emparer du
petit être dont le danger causait le désespoir de cette pauvre mère, et si j'avais hésité

jusqu'à ce moment, ce n'était que par délicatesse, par crainte d'humilier mon compagnon de voyage, dont le devoir était de se
dévouer pour l'intéressante personne qui
lui était confiée. Quelle douce joie fut expri-
mée, quelles tendres caresses furent prodi-
guées au petit marmot et à moi! Que de re-
mercîments! « Monsieur, me dit-elle, que de
reconnaissance je vous dois; en tout autre
position, je vous embrasserais de tout mon
cœur. » Puis elle balbutia quelques paroles dont le sens était : « Si nous devons
périr, j'aurai mon enfant dans mes bras. »
Il est vrai de dire qu'il n'y a rien d'épouvantable comme les dangers de la mer, surtout quand on se trouve dans une frêle
nacelle non pontée, comme celle qui nous
portait ; constamment agitée par les vagues,
lancée successivement à une hauteur de
20 ou 25 pieds, puis retombant de cette
même élévation, et souvent couverte par
les vagues qui viennent frapper le bâtiment,
il semble alors à chaque instant que l'on va
être englouti dans le gouffre. Certes, il n'est
pas étonnant que chacun soit épouvanté,

particulièrement les pauvres femmes, dont la plus grande partie n'ont pas eu occasion de se familiariser avec ce fougueux élément. J'avoue que, pour mon compte, je n'étais guère rassuré, quoique j'eusse déjà subi quelques épreuves du même genre : mais, j'avais pris l'habitude de régler mes craintes sur la figure des rameurs.

Enfin nous aperçûmes, avec des transports de joie, le triste séjour de Rose ; nous débarquâmes transis de froid et mouillés à peu près comme si nous fussions tous tombés à la mer. Chacun chercha une maison pour se sécher et changer de vêtements. Je ne revis plus la dame ni sa suite, et ne retrouvai mon compagnon que le lendemain. Quelques heures après, arriva M. le lieutenant-général Reille dont le quartier-général était à Figuières, et qui manœuvrait avec environ 2000 hommes. Je le connaissais, il m'avait plusieurs fois honoré d'un accueil flatteur et il me fut agréable de renouveler connaissance avec ses aides-de-camp, dont le premier était son frère et le second M. Saint-Yon, aujourd'hui officier-général. Je les suivis à Figuières où je fus hébergé de manière à oublier les tribulations du voyage maritime. J'éprouvai un plaisir secret de l'absence de M. Rambourg, porteur des dépêches du général Saint-Cyr, et qui ayant un grade bien supérieur au mien, aurait eu la préférence d'une seconde mission de vive voix de la part du général Reille pour l'Empereur. « Je vous prie, me dit-il, de dire à S. M., que j'ai peu de troupes sous mes ordres, que les Espagnols viennent de pousser une pointe sur mes avants-postes qu'ils ont égorgés de même que mes malades à...... Vous ajouterez que j'aurai besoin d'être renforcé. «

Le lendemain matin, nous étions à cheval avec le général qui nous escorta avec une colonne de 1500 hommes pour garantir nos dépêches jusqu'au Pertu. Arrivés à ce dernier point, nous prîmes congé et nous continuâmes jusqu'à Perpignan où nous ne nous arrêtâmes que pour acheter un vieux cabat de poste, et nous fîmes route par Carcassonne, Toulouse, Pau, Bayonne, etc, pour rentrer en Espagne. Etant à...... petite ville qui précède Victoria, notre cabriolet tomba en lambeaux; nous le laissâmes je ne sais plus chez qui; quant à moi, je ne m'en occupai plus. De là, nous courûmes à franc-étrier et à toute selle. Les postes n'étaient pas toutes fournies de chevaux, et quelquefois, mais rarement, il fallait attendre ceux qui étaient en course pour continuer. Nous atteignîmes un officier du vice-roi, un italien nommé Battaglia qui eut l'imprudence de nous dire qu'il portait à l'Empereur la nouvelle de l'accouchement de la princesse. Nous savions que, lui ou nous, nous serions obligés d'attendre, et nous étions à une heure fort avancée de la nuit. Il s'arrêtait, nous dit-il, pour se rafraîchir; M. Rambourg et moi, nous l'assurâmes que nous allions en faire autant; mais nous n'en fîmes rien. Nous nous hâtâmes de remonter à cheval à son insu pour n'être pas en arrière, et nous arrivâmes quelques heures avant lui à Valladolid où se trouvait S. M. Nous pouvions lui causer un désagrément en racontant qu'un officier en arrière apportait la nouvelle de l'accouche-

ment. S. M. eût été bientôt informée de ce
fait et n'aurait pas manqué de dire à l'officier que déjà la nouvelle lui était parvenue.
Mais nous n'abusâmes pas de la révélation
intempestive de M. Battaglia. Ce fut à cette
époque qu'un autre officier du vice-roi
commit l'imprudence de se laisser voler son
porte-manteau qui contenait une dépêche.
Dans quelle position le mit la nécessité d'a-
vouer cette négligence à l'empereur! « Jeune
homme, dit S. M., en frappant sur sa cuisse,
mieux perdre cela qu'une dépêche! » Il lui
en garda longtemps rancune.

Je touche au point le plus brillant de ma
mission ; l'idée que j'allais parler à cet homme célèbre, faisait tressaillir mon cœur.
Nous nous présentâmes crottés des pieds
à la tête, sachant que pour être bien accueillis il fallait paraître immédiatement en
descendant de cheval. Le prince Berthier
nous reçut et nous conduisit auprès de
l'Empereur. S. M. avait le dos appuyé
à une cheminée, les mains derrière lui.
M. Rambourg, comme il en avait le droit,
parla le premier avec une parfaite assu-

rance et répondit à toutes les questions sans plus se troubler que s'il eût parlé à son égal. Pendant ce temps, je me complus à voir briller les yeux du *petit caporal*. Que pense faire Saint-Cyr? M. Rambourg répondit ce qu'il savait. Combien a-t-il de cavalerie, ajouta l'Empereur? La réponse fut tant soit peu tardive, puis il *accoucha* de 1800 hommes — Comment, dit S. M.? 24e dragons, puis il continua de nommer tous les numéros des régiments de cavalerie, et sa main vint couvrir la figure de l'officier mais gracieusement, « 1800 hommes, malheureux! s'écria-t-il en même temps. Cette caresse, car c'en était une réelle, avait un peu surpris le lieutenant-colonel Rambourg; mais ayant conservé toute sa présence d'esprit, il répondit que la cavalerie du général Saint-Cyr se trouvait réduite à ce nombre par suite de diverses actions sérieuses, et il me parut que S. M. feignit de le croire.

Mon tour arriva. Je me plaçai à l'angle droit de la cheminée, touchant presque l'Empereur. « Il me paraît, me dit S. M., que vous avez fait de bonne besogne à Barcelone. »

Alors, il me demanda successivement comment se conduisait tel et tel régiment, en commençant par les Napolitains. Je fus embarrassé, n'osant dire qu'ils étaient plus pillards que braves. S. M. en fit la remarque et passa aux autres corps; je répondis convenablement. Et les vélites de ma garde, ajouta l'Empereur ? J'étais intimément lié avec M. Cotti, commandant de ce bataillon, et l'occasion de le servir était trop belle pour ne pas la saisir, d'autant plus que ce corps servait avec une grande distinction. Sans la moindre hésitation, je répondis donc : « Les vélites sont aussi braves que sages et disciplinés, et leur chef digne de tous éloges. » Cet entretien avec le chef suprême me procura le lendemain matin une agréable surprise : celle de le lire dans le *Dia-rio* qui, rendant compte des opérations du corps de Barcelone, rapportait littéralement mon entretien avec S. M. J'appris à mon ami Cotti sa promotion au grade de colonel, et celle de chefs de bataillon de MM. Rouan de Fleuri et Lafaille, l'un et l'autre capitaines du génie. Ma nomination de capitaine me fut annoncée par le prince Berthier lui-même. Je me serais bien gardé d'oublier la recommandation de M. le général Réille; je la rendis exactement, telle que je l'avais reçue.

Je me souviendrai toujours que le prince Berthier se tenait debout, devant l'Empereur, droit, immobile et raide comme un piquet, les bras pendants, dans l'attitude d'un soldat au port d'armes, guettant le moindre geste du Souverain pour y répondre par une noble inclinaison du corps. Ainsi, quand S. M. lui dit:

« Il faudra envoyer quelques régiments à Réille, » il se courba respectueusement avec cette réplique laconique : « Oui, Sire. » Quelques autres personnages se trouvaient dans la même position, mais je ne la remarquai que dans son Altesse. Elle me frappa dans la personne de cette puissance absolue de l'Empire, dans ce prince Berthier gorgé de richesses, et qui, à la déchéance de l'Empereur, ne vint voir son bienfaiteur que pour lui demander s'il pensait que S. M. Louis XVIII lui donnerait de l'emploi, puis ensuite prit congé de Napoléon, en promettant à son maître de revenir, mais qu'on ne revit plus, comme l'avait prévu et annoncé l'Empereur, aussi habile à pénétrer les secrets du cœur humain, qu'à diriger l'Empire et les batailles!

On comprendra mieux que je ne saurais l'exprimer, l'extase de plaisir que j'éprouvais d'avoir parlé à ce Souverain incomparable qui vous mettait si gracieusement à votre aise. Il fit avec nous trois pas, en nous disant : « Allez vous reposer, mes amis. » S. A. le prince Berthier continua de nous accompagner, et un officier de sa maison eut l'ordre de nous suivre à son quartier, pour y vivre aussi longtemps que nous serions expédiés.

Je reviens à M. le lieutenant-colonel Rambourg. Il avait mission de rendre compte au mari de la jeune dame, qu'elle s'était embarquée avec nous, une femme-de-chambre et son enfant; qu'il l'avait laissée à Perpignan, d'où elle se rendrait à Paris, pour y attendre de ses nouvelles. M. le colonel était suffoqué de surprise ; il devint rouge, puis pâle, puis, sans éprouver de démangeaisons, se mit à se gratter de toutes parts ; on voyait ce chevalier poignardé par un sentiment injuste de jalousie, dans ma conviction du moins ; il balbutiait des questions : Mais comment ? Quelle idée ? S'exposer dans un voyage périlleux ? Est-ce donc sa famille qui a pu si mal la conseiller ? etc., etc. M. de Rambourg se fatiguait de l'entendre. « Ma foi, dit-il, avec tant soit peu d'humeur, vous m'en demandez trop long ; je ne puis que vous répéter ce que j'ai l'honneur de vous dire ; si vous m'en demandez davantage, je ne saurai vous répondre. »

Un an après, j'eus l'occasion de revoir quelques instants cette dame à Paris. Elle se trouvait réunie à son mari ; elle me rappela avec assez de froideur le petit service que je lui avais rendu. Depuis, je ne l'ai plus revue.

Le lendemain, comme nous nous promenions en attendant le déjeûner qui avait lieu à onze heures, l'Empereur faisait manœuvrer sa garde sur la place de son palais. M. le général Dorsène faisait exécuter les

mouvements que S. M. ordonnait. Tout-à-
coup, nous aperçûmes le prince Berthier
avec un général qu'il conduisait à S. M.
pour le lui présenter. Nous apprîmes bientôt que c'était le général Legendre, chef
d'état-major du général Dupont, lequel venait
rendre compte de la triste capitulation de
Baëlen. Quelle fâcheuse mission pour le
général !....

Nous étions un peu éloignés, que déjà
l'Empereur avait commencé ses bourrades.
Nous nous approchâmes ; je rapporterai les
paroles que j'ai entendu sortir de la bouche
de S. M.

Quelques mots, je crois, avaient déjà
été échangés. Il est inutile d'observer que
S. M. n'ignorait pas ce qui s'était passé à
ce corps d'armée : « Avez-vous été entamé ?
dit l'Empereur. » — Non, Sire. — « Eh bien !
vous deviez faire comme le général Gazan
(*action contre les Russes*), marcher sur le
corps de ceux qui vous étaient opposés et
vous retirer à Madrid. Voyez les consé-
quences, nous n'eussions pas été obligés
d'évacuer. » Puis, se promenant continuel-

lement, les mains croisées derrière le dos,
il s'écriait en repassant devant le général,
après chaque reproche : « C'est de l'honneur, Messieurs, qu'il nous faut ; c'est de
l'honneur !... Mais, Messieurs les généraux,
vous avez voulu sauver vos équipages, vos
fourgons.... Les Espagnols n'ont pas tenu
la capitulation ; j'en suis bien aise, j'en suis
très aise. J'aurais mieux aimé perdre
10,000 hommes, que de voir le nom français déshonoré. En Russie même, on s'indigne de cette lâcheté de l'un de mes corps
d'armée. » Le général donna une explication que je ne pus saisir, et qui jetait du
blâme sur je ne sais quel lieutenant-général ;
à quoi S. M. répondit :

« Moralement, il était coupable, et il ne
l'était pas militairement. » On sait généralement que les Espagnols victorieux avaient
eux-mêmes dicté les conditions de la capitulation dans laquelle on lisait, entre autres imputations outrageantes, que nos soldats avaient volé des vases sacrés : voulant
par cette calomnie envenimer encore la
haine que nous portait cette nation. On

sait aussi que plusieurs généraux, qui se
trouvèrent là par hasard, furent obligés de
signer comme les autres : à ma connaissance, je crois que le général Poinsot fut
le seul qui refusa sa signature, ce qui lui
mérita les bonnes grâces du Souverain.
« Comment, dit S. M., votre main ne s'est-
elle pas arrêtée en signant que vos soldats
avaient volé des vases sacrés ? Etes - vous
excusables d'avoir signé le déshonneur de
vos soldats ? » Et il continuait à répéter :
« C'est de l'honneur qu'il nous faut ! »
J'étais très près du pauvre général, et, malgré ses longs cheveux qui lui couvraient
presque les yeux, je pouvais remarquer
de grosses larmes qui coulaient en abondance.

Le général, dans cette position si fâcheuse, tâchait toujours de trouver quelques
paroles justificatives ; mais ce fut vainement qu'il chercha à blanchir son général en chef. Il dit, par exemple, que le
corps d'armée n'était composé que de jeunes
gens, presque tous conscrits. Sa Majesté
répliqua : « Oui, Messieurs, des jeunes gens,

des conscrits, mais braves et très braves :
il n'y a que les généraux qui les ont dés-
honorés!... » Le général dit encore quelques paroles que je n'entendis pas. « Eh
bien! Messieurs, vous eussiez mieux fait
de mourir que de nous déshonorer; nous
porterions votre deuil aujourd'hui !.... »
Après quoi, le général prit congé, et l'Empereur continua de commander des évo-
lutions à sa garde, sous les yeux d'une
multitude d'Espagnols.

J'aime à revenir à ce pauvre Cotti, mon
ami intime, qu'un hasard heureux m'avait
mis à même de si bien servir, et qui, chaque fois que nous nous rencontrions, m'em-
brassait, en me disant : « C'est à toi à qui
je dois mes deux épaulettes. »

Un mois après, nous avions à regretter
ce digne militaire. Il fut tué en montant
à l'assaut, à la tête de son bataillon, à la
prise de Taragone. On pourrait citer beaucoup d'autres circonstances où des officiers
dûrent leur avancement à l'amitié. M. le
général Suchet est de ce nombre. Cet
homme si distingué, si brillant surtout en

Espagne, non seulement comme guerrier, mais comme administrateur de son corps d'armée, qui ne manqua jamais de rien; cet intrépide guerrier en qui la douceur de caractère égalait le génie de la guerre, était chef d'état-major à l'armée d'Italie. A la suite d'un grand repas, chez le général en chef Bonaparte, tous les généraux et colonels qui l'aimaient et l'estimaient, s'a-musèrent à lui mettre une seconde épau-lette, plaisanterie qui faisait de lui un co-lonel, puis ils le présentèrent au chef su-prême de l'armée, en disant : Admirez, général, comme elles lui vont bien. « Il peut les garder, » répondit Bonaparte.

Je citerai pour troisième exemple, celui d'un lieutenant du 12e dragons, où je ser-vais alors comme maréchal-des-logis. Il était officier d'ordonnance du général Moreau, et, fatigué de languir si longtemps dans le même grade, il imagina la ruse que je vais expliquer. Il prépara les soies de ses épau-lettes, de manière à les sortir aisément, pour en faire des épaulettes de capitaine, puis il se présenta respectueusement à M.

le général en chef. « Mon général, lui dit-
il, je vous supplie d'avoir l'extrême bonté
de tirer ce fil de soie que vous voyez à mes
épaulettes. » Moreau ne se fit pas prier davantage. Cet estimable officier supérieur vit
encore dans le département du Rhône, et
nous nous visitons réciproquement.

Je reviens à ma mission de Valladolid.
Nous y restâmes environ quinze jours, vivant
toujours à la table du prince, table que pré-
sidait M. le général Bailly de Monthion,
aide-major général de l'armée, que j'avais
l'honneur de connaître d'ancienne date.
Tout-à-coup, nous apprenons que S. M. est
partie au milieu de la nuit, prenant la
direction de Paris, pour se rendre de là
sur le théâtre d'une autre mémorable bataille (Wagram). Chacun fut étrangement
surpris et avisa aux moyens de retourner
à son poste; pour moi, je repris la route
par laquelle j'étais venu. Mais j'ai beau
chercher dans ma mémoire, je ne puis me
rappeler par quelle voie j'arrivai à Bayonne,
d'où je continuai sur Perpignan; je dûs
rester dans cette dernière ville et y atten-

dre que les communications se rouvrissent
avec Barcelone pour m'y rendre.

Je ne saurais dire depuis combien de
jours j'y étais, lorsqu'une colonne comman-
dée par un lieutenant-général y arriva, ayant
escorté des malades et 1,000 à 1,200 prisonniers. Comme elle repartait le lendemain,
je ne négligeai pas de profiter d'une occasion si belle. Le second jour, nous étions
à une petite ville nommée, je crois, Ilot, où
siégeait le quartier-général St-Cyr. Je savais
qu'il était de mon devoir de me présenter
à ce général, de lui demander ses ordres
pour le général Duhesme; c'est pourquoi,
tout en causant avec le général qui rame-
nait la colonne, je le priai de m'indiquer
sa demeure. « Je ne vous le conseille pas, me
dit-il; car il est furieux contre vous. »—«En
savez-vous le motif ? » — « Il paraîtrait que
vous auriez dit de lui à S. M. quelques paroles dont il se trouve blessé; de sorte que,
pour éviter des reproches, vous feriez mieux
d'aller, à deux lieues d'ici, rejoindre la colonne aux ordres du général Chabot qui,
demain, à la pointe du jour, se mettra en

marche pour Barcelone. » Certes, je n'avais rien à me reprocher ; je pouvais bien affirmer que je n'avais pas même prononcé le nom du général St-Cyr , mais j'eus la simplicité de suivre ce mauvais conseil ; je ne fis pas seulement la réflexion qu'éviter le général, c'était, pour ainsi dire, le convaincre davantage que j'étais coupable, et m'arrêtant à la pensée qu'il ignorerait mon passage, j'allai rejoindre la colonne entre dix et onze heures du soir. M. le premier aide-de-camp du général Chabot vint m'éveiller pour me dire que son général venait de recevoir l'ordre de me faire arrêter et conduire au quartier-général!... Quelle contrariété pour un homme d'une conscience tranquille et pure!..

Je ne pus m'empêcher d'exhaler mon indignation , non que je craignisse rien de fâcheux ; mais, en moins de cinq heures, la colonne serait en marche, et j'étais au désespoir de penser que j'allais manquer cette occasion de rejoindre mon poste. L'aide-de-camp me dit : « Ne vous affligez pas , mon camarade, et si vous désirez, nous se-

rons censés n'avoir pu vous découvrir. »
Mais, pour cette fois, il n'y avait aucun
risque que je retombasse dans la même
faute. On me prêta un cheval, et deux
chasseurs me conduisirent chez le général
St-Cyr. Le vaste salon de l'évêque ou ar-
chevêque était rempli de tous les généraux
et colonels de son corps d'armée. Le prélat
s'entretenait avec lui. A mon arrivée, il se
leva et me reçut glacialement. « D'où venez-
vous? » (Il le savait.) Puis j'entrai en explications. De sa part, pas un seul mot qui
pût donner l'idée que je l'avais desservi
dans l'esprit de S. M. Seulement, il me témoigna sa surprise que, malgré ma qualité
d'aide-de-camp du général Duhesme, j'eusse
passé sans me présenter à lui pour m'assurer s'il n'avait pas des ordres à me donner
pour mon général. Certes, ce genre de reproches était moins grave. Je répondis :
« Assurément, mon général, je suis coupable ; d'autant plus que je savais positivement que mon devoir me prescrivait de
venir vous saluer et de prendre vos ordres. »
Mais, j'ose affirmer que ce sont les seuls et

uniques reproches que j'aie mérités de la
part de mon général en chef qui naguère
me traita avec bienveillance. Puis, évitant
de nuire au personnage qui m'avait si mal
conseillé ; j'ajoutai : « Je désirais vivement
rejoindre le général Duhesme, et il m'eût
été par trop pénible d'en manquer l'occasion. Je dois donc, mon général, réclamer
votre indulgence en considération du motif
qui m'a fait faiblir. » Mais, il ne parut pas
admettre ma justification ; j'eus beau in-
sister pour qu'il me laissât la liberté, il
persista à me dire que j'avais le temps, que
la colonne ne pouvait partir si matin, qu'on
avait des malades à soigner avant qu'elle
se mît en route. Ces paroles ne me tran-
quillisaient pas ; car si sa conviction eut été
que je l'avais desservi, il pouvait me nuire ;
peut-être étais-je victime de paroles mensongères des journaux, dont l'Empereur
foudroyait parfois ses lieutenants. Tout le
monde doit se souvenir qu'on vit une fois
sur un journal : « Le général St-Cyr s'est
enfin mis en mouvement, avec un corps
d'armée de trente mille hommes formé à

Perpignan. » On sait que ce maréchal si distingué par ses talents et sa probité était plus méthodique que d'autres. Ce qu'on lui avait promis, il le lui fallait, et il attendait qu'on lui tînt parole. On sait aussi que, dans la campagne de Prusse, un corps de cavalerie ennemie, cerné et qui ne pouvait échapper, se sauva en marchant sur le général Klein, auquel il dit qu'une armistice venait d'être conclue, que la paix se traitait. L'Empereur, rendant compte de cette action, ajouta : « Et ce général eut la simplicité de le croire. » Il savait blesser en peu de mots. Je fus placé dans une maison où j'étais censé être aux arrêts, mais sans garde. Une heure après, je fus confessé par M. le général Rey, son chef d'état-major. Mais il eut beau m'accabler de questions insidieuses, je n'avais d'autres reproches à me faire que ceux que j'ai déjà mentionnés. Aussi, je me crus délivré, mais il avait encore à prendre de nouveaux ordres qui, enfin, me furent favorables ; et je pus me remettre en marche avec mes deux chasseurs. Nous arrivâmes précisément à l'instant où la co-

lonne commençait son mouvement. Certes,
j'avais bien raison de craindre d'arriver
trop tard ; car, si j'eusse été retenu trois
quarts d'heure de plus, il m'eût fallu rester ou m'exposer à être égorgé en voulant
rejoindre les troupes ; mais, enfin, j'arrivai
à mon poste, joyeux d'avoir à raconter
les résultats de ma mission.

Les demandes d'avancement du général
en chef ayant presque toutes obtenu un
résultat heureux, je me persuadai que, pendant mes deux mois d'absence, il serait
parvenu au général Duhesme une récompense bien dûe à ses longs et glorieux services. Il n'en fut rien ; je fus chagrin de
l'apprendre. Je vais en expliquer la cause
qui, bien certainement, sera accusée d'in-
justice.

Un crime épouvantable avait été commis
par un très haut personnage placé sous ses
ordres (Disons bien vite qu'il n'était pas
Français). Un étranger se présente chez lui
avec un écrin qui, dit-on, était d'une assez
grande valeur !!! Dois-je poursuivre ?.. Oui,
car il s'agit de démontrer que ce pauvre

général Duhesme n'a pas cherché à protéger l'infamie qui pesait sur l'homme de
haut rang. Grand crime, assurément!...
Mais, que dira-t-on de ces hommes qui,
ayant mérité les reproches dont ils furent
accablés pour avoir fléchi dans les combats
et manœuvré pour éviter le danger, saisis-
sent ensuite toutes les occasions de flétrir une
réputation de gloire que je ne crains pas de
comparer à la pureté de l'or... Sans réfléchir que l'homme qui aime son pays et
veut le servir bien, ne peut faire des éloges
à celui qui compromet sa responsabilité
dans une action en agissant timidement,
ces hommes sont les premiers à venir fla-
gorner la puissance, quand le général ne
montre plus le moindre ressentiment; mais,
c'est pour mieux lui donner un coup d'épée
dans l'ombre; et, disons - le , combien
d'hommes honorables furent victimes de
ces basses calomnies!... Au moins, en in-
sinuant des mensonges, il eut été bien de
dire que, si personne n'était plus brave sur
un champ de bataille ni plus prévoyant
que le général Duhesme, sûr alors pour

lui-même comme pour tous, après l'action, personne n'était plus jovial et plus affable, prodiguant sa satisfaction à tous ceux dont il avait remarqué la conduite exemplaire dans l'action ; au reste, dans la crainte qu'on ne m'objecte que trop dire ne prouve rien, je me bornerai à citer un seul trait de la bonté du général Duhesme. Je crois me rappeler qu'il se passa à Brescia, en Italie.

Deux capitaines se trouvant pris de boisson, avaient gravement insulté un magistrat de la localité. Ils furent arrêtés et conduits au général : Vous êtes pris de vin, Messieurs, leur dit celui-ci. — Non, mon général ! — Comment, vous niez ce que je vois ? — Mon général, ce n'est pas de vin, mais d'eau-de-vie. — Ah ! Messieurs, vous prenez le ton de l'ironie avec votre général ? Nous verrons si vous en serez les bons marchands ? — Puis il les fait conduire à la prison de la ville, et ordonne à son chef d'état-major de réunir le conseil de guerre pour le lendemain. Mais alors les deux officiers, rentrés en possession de leur raison, écrivirent une lettre conçue dans les termes d'un vrai repentir et terminée par ces mots : « Nous espérons, mon général, qu'il répugnera à votre bonté reconnue, de perdre deux officiers qui n'ont pas l'habitude de se déranger comme pourra vous l'affirmer notre colonel (Et cette allégation était fondée). » Le conseil fut dissous, et les officiers mis en liberté ! Mais il était grandement temps.

Ce n'est pas sans un regret bien pénible qu'il me faut achever de raconter le crime de l'homme cupide qui ne craignit pas de faire assassiner un malheureux pour s'approprier sa fortune, consistant en pierres précieuses, et en affubler une femme dont déjà il avait volé le cœur à son mari !..

Et combien est coupable aussi le vil instrument de cette monstruosité, revêtu d'un grade militaire, étranger heureusement, comme son patron ! Ce malheureux marchand, dans la persuasion qu'il s'adressait à un honnête homme, se présenta à lui dans l'espérance de lui vendre des diamants. On le pria de laisser son trésor, en fixant un jour pour s'arranger de ce qui aurait été choisi. Le marchand ne manqua pas de se présenter au jour marqué; mais, tout étant prêt pour l'exécution du crime, cet infortuné fut conduit dans un lieu presque obscur et poignardé !!...,

Tout se découvre... Très heureusement, le crime transpira jusqu'au quartier-général. Le général Duhesme ordonna une enquête dont on était encore occupé à l'arrivée du général en chef St-Cyr. Celui-ci prenant momentanément le commandement suprême, cette affaire lui devenait personnelle suivant la hiérarchie; il ordonna, je crois, de continuer l'enquête dont j'ai ignoré les résultats; mais la calomnie trouva moyen d'insinuer des torts au général Duhesme qui avait rendu compte de tout bien exactement.

M. le maréchal Augereau m'avait précédé de quelques jours dans la place avec son corps d'armée. J'assistai au repas de réception qui se passa joyeusement. L'un et l'autre avaient servi sous Moreau et l'accueil fut réciproquement amical. Mais le maré-

chal se laissant bientôt circonvenir par les
ennemis acharnés du général Duhesme, il
advint de fâcheuses explications entre ces
deux hommes de guerre, et peu à peu la
querelle s'anima au point que le service
pouvait en souffrir. Le général Duhesme
avait besoin de repos, ayant le sang très
échauffé par la grande et incroyable acti-
vité qu'il avait déployée dans son commandement ; puis, il sentait qu'il pouvait servir
avec un homme qui ne se montrait pas disposé à lui rendre justice. Il demanda donc
l'autorisation d'aller prendre les eaux dans
les parages de Perpignan ; mais il s'arrêta
peu dans cette ville et se rendit tout d'un
trait à Paris. Le maréchal l'apprit presque
aussitôt. Il devint furieux, et on peut croire
qu'il supposa que son intention était de le
noircir dans l'esprit de S. M., qui déjà avait
reçu sa dépêche, quand le général Duhesme qui malheureusement s'était arrêté en
route avec sa dame, arriva à Paris. On le
laissa quelques jours tranquille ; mais ce fut
vainement qu'il fit tous ses efforts pour
aborder l'Empereur. Il avait seulement vu

le ministre de la guerre qui lui avait dit :
Laissez-moi votre adresse, pour que je puisse
vous transmettre les ordres de l'Empereur.
Ces ordres portaient que le général eut à
choisir un lieu d'exil à quarante lieues de
Paris. Il se rendit à Rouen où je lui conduisis Mme Duhesme, et de là, il alla au
Hâvre, où son beau-frère était receveur
particulier.

Pendant que des écrits réciproques ag-
gravaient ces dissensions, la famille du malheureux assassiné se rendit à Paris, parvint
à se faire présenter à Napoléon, et déclara
quel personnage elle soupçonnait. Cet homme indigne était tranquille dans son pays
et fut arrêté avec bien de l'adresse. Le ministre de la guerre lui écrivit : « S. M. vous
ayant désigné pour un commandement,
hâtez-vous de vous rendre à Paris, pour
prendre ses ordres. » Enchanté d'une lettre
si flatteuse, le destinataire la montrait partout et recevait les félicitations de chacun.
Il ne se fit pas attendre. Arrivé à Paris, il
porta son adresse au ministre, il fut arrêté
sur-le-champ, conduit à la prison militaire,

après quoi, l'homme qui avait servi d'instrument à son infâme patron fut bientôt
au secret pour son compte et sous promesse de la vie sauve en cas de révélations.
Je ne sais si on lui tint parole ; mais il
avoua tout et rien ne contredit ses décla-
rations. Voilà tout ce que j'en sais ; mais,
chose bien étonnante ! c'est qu'au milieu
du trouble des événements qui survinrent,
ce grand criminel parvint à s'évader, et,
s'il n'est pas mort, il est bien tranquille
dans ses foyers.

Le maréchal Augereau , bien certainement , mit tout l'acharnement possible à
perdre le général Duhesme , qui ne se re-
leva que tardivement d'une disgrâce non
méritée ; puis, sa plume exercée foudroyait
son adversaire par ses écrits. Ma conscience
ne pouvait s'empêcher de blâmer ce style
acerbe et je désapprouvai le maréchal de
la manière cruelle dont il noircissait un ancien camarade dans l'esprit de l'Empereur.
Mais, n'en parlons plus. Bornons-nous à
dire que, à la déchéance du grand homme ,
le maréchal Augereau publia une procla-

mation qui déchirait son bienfaiteur, en élevant aux nues les Bourbons, et que, Napoléon l'ayant aperçu se contenta de lui dire : « Augereau, j'ai ta proclamntion dans ma poche ! »

J'avais retrouvé ce brave général baron d'Ordonneau sur le théâtre de ses exploits, servant comme de coutume avec une grande distinction. Mais, surtout, n'étant encore qu'adjudant-commandant, il s'appliquait scrupuleusement à prendre connaissance des localités ; ce rare talent que négligent tant d'autres guerriers, le mit à même de donner des renseignements aux généraux et maréchaux chargés successivement de reprendre Figuières, qu'une trop grande confiance avait fait perdre. Comprendra-t-on qu'un général auquel on a remis la garde d'une forteresse si importante, compromette sa responsabilité au point de donner sa confiance à de misérables employés aux vivres qui étaient Espagnols, et de leur mettre entre les mains les clefs de l'entrée de la place ? Aussi, en abusèrent-ils avec une odieuse trahison. Les ennemis, guidés par ces perfides, entrèrent pendant la nuit.

Le commandant déshonoré eut bientôt la visite du vainqueur sans gloire, et le vaincu par surprise fut obligé de sortir de son lit pour rendre son épée !.. C'est ainsi que ce fait si grave me fut raconté sur les lieux. L'Empereur dût se repentir d'avoir retiré de cette place le général Reille.

Je dînais un jour chez notre député, le loyal et si estimable général baron Brunet-Denon, qu'on aime dès la première fois qu'on l'aborde. Dans le cours du repas, je racontai, en parlant de Barcelone, le crime qui s'y était commis, et j'en expliquai toutes les circonstances. « Je suis charmé de vous entendre, me dit l'un des convives, jeune homme estimé autant qu'il mérite de l'être ; mon âge ne me permet pas d'avoir connu personnellement le général Duhesme, mais j'ai beaucoup entendu parler de lui, et on lui imputait le crime affreux que vous venez de raconter.....

Comment ne pas frissonner d'indignation en entendant de si hideuses calomnies ! Je veux donc tâcher de le peindre ce qu'il était :

un guerrier intrépide ; j'en appellerai même à S. M. Louis-Philippe qui, en même temps que lui, servait la République à l'armée de Sambre-et-Meuse ; il se rappellera très probablement que son audace guerrière sur le champ de bataille l'avait fait surnommer le général *la Baïonnette*. Qui donc oserait dire avoir été plus brave que le général Duhesme ? Rappelons ce trait bien connu de l'armée du Rhin : « Après un quartier d'hiver, quand l'armistice fut dénoncée, désigné pour ouvrir le passage du fleuve avec une demi-compagnie de grenadiers, il marche à sa tête au pas de charge ; son tambour est tué ; lui, ramasse la caisse, continue de battre la charge avec le pommeau de son épée, taille en pièces tous les avant-postes, résiste assez longtemps pour être successivement renforcé et facilite ainsi le passage du gros de l'armée !.. Mais, aussi, qui donc s'étonnerait qu'il fut criblé de blessures ? »

Le général Duhesme était l'ami de Kléber, ce guerrier superbe qui, au moment d'une bataille avait l'habitude de dire à son valet de chambre : « Apporte-moi mon cha-

peau de victoire. » Celui-là aussi se connaissait en hommes de guerre ; c'est de lui
que Duhesme tenait sa promotion de lieutenant-général par suite d'un rapport qu'il
avait fait de sa conduite au siége de Maës-
treck. Le maréchal Masséna, que le général
Duhesme ne connaissait guère que de nom,
cet enfant chéri de la victoire, lui fit faire
une campagne sous ses ordres à l'armée d'I-
talie, et depuis, il ne cessa de l'apprécier,
et de l'estimer.

J'ai été témoin de l'accueil que lui fit,
à Paris, le prince de Ponte - Corvo, ce républicain jadis si fougueux qui ne demandait pas mieux que de coopérer à la destruction des trônes!.. si jaloux contre Bonaparte,
en s'apercevant que l'intention de celui-ci
était de régner sur les Français ; si ingrat,
quand les Suédois le choisirent pour leur
souverain, envers le premier consul qui lui
dit : « Il ne convient pas que vous vous pré-
sentiez pauvre » ; et qui lui fit donner deux
millions , ajoutant : « Vous allez devenir
étranger à la France, d'où il résulte que vous
ne pouvez conserver les revenus de vos di-

gnités ; mais, je ferai reverser sur votre famille ce revenu qui vous appartient, pour
l'aider à soutenir l'éclat du rang qui vous
attend. »

Ce guerrier qui, par son génie militaire,
méritait le choix des peuples qu'il gouverne
aujourd'hui, témoigna l'amitié la plus fran-
che au général Duhesme, son aîné en grade ;
car je ne connaissais de plus anciens que
lui, que les généraux Souame et Chabot,
après la mort de Kléber. Citerai-je aussi le
vice-roi d'Italie dont il eut beaucoup à se
louer. Ce prince venait assez fréquemment
de Milan à Padoue, à Brescia, demander au
général Duhesme une de ces fêtes toutes
simples où il prenait tant de plaisir et qu'il
semblait préférer aux fêtes si somptueuses
de la cour.

Suivant moi, les moindres ennemis du
général Duhesme étaient ceux qui lui re-
prochaient son amour-propre excessif qui
le faisait se complaire à ne parler que de lui.
Ce défaut, léger, à mon avis, était justement
blâmé chez lui, et ma franchise ne me per-
mettrait pas d'en disconvenir. On a peine à

comprendre qu'un homme de ce mérite ait eu ce ridicule, assez ordinaire, du reste. Voici un exemple :

A un grand dîner qui avait lieu chez lui, il s'oublia à ce point que, peiné de le voir s'exposer à la critique des convives, je demandai une serviette aux domestiques ; puis je m'approchai de lui, en lui disant : « Pardon, mon général, les égratignures que vous vous faites, vous font saigner. Veuillez me permettre d'essuyer le sang qui coule de votre figure. » Je l'essuyai. Je ne sais si Mme Duhesme se rappelerait ce fait ; mais elle se mit à rire aux éclats, de même que tous les convives, le général plus haut que tous les autres, et ce fut un vrai moment de joie....

On conviendra qu'en cette occasion le général Duhesme fit preuve d'une grande bonté de caractère, en s'égayant lui-même d'une raillerie de celui qui lui était si inférieur. Mais disons que, quand il s'oubliait ainsi, il y mêlait des plaisanteries si spirituelles, qu'en vérité, c'était péché que de lui en vouloir. Car on sait qu'il avait de

l'esprit; et s'il maniait bien l'épée, il maniait également bien la plume.

J'avouerai même de lui un autre défaut
qui, peut-être, n'a pas peu contribué à grossir
le nombre de ses ennemis, il aimait à lancer, même à ses égaux, des épigrammes
parfois très mordantes. J'ai souvenir qu'il
frappa d'un trait satirique le général de division qu'on nommait le grand Gardanne,
pour le distinguer d'un autre, Gardanne
surnommé *le Petit*, lequel fut gouverneur
des pages et ambassadeur en Perse. Le premier, qui se trouvait sous les ordres du
général Duhesme à la bataille de Marengo,
et qui commandait deux divisions comme
l'un des lieutenants du premier Consul; le
premier, dis-je, était un homme brusque et
brave; mais il prit mal la plaisanterie et
se montra furieux. La querelle devint si
sérieuse et le général Duhesme s'anima à
tel point qu'il lui dit : « Si je n'étais es-
tropié, je vous commanderais d'en finir par
un coup d'épée ou de pistolet. Mais, égali-
sons les armes... prenons une barrique de
poudre; puis, assis dessus, la mèche s'allu-

mera!....... » Mais la prudence les raccom-
moda.

J'ai souvent entendu dire au général Duhesme, que quand il lui arrivait de se compromettre ainsi, il se tirait toujours d'affaire avec la finesse d'un renard, ou la
fureur d'un lion.

Si cet infortuné général Duhesme n'a-
vait eu que de tels ennemis, je ne les aurais
pas fait figurer dans ce recueil de mes souvenirs ; mais, je m'indigne de ce qu'ils aient
cherché à flétrir sa réputation de probité !
Il était cupide, disent-ils ; il aimait l'argent ; qui donc ne l'aime pas ? — Mais aujourd'hui il a des millions. — Voyons donc
sa grande fortune ; je crois être à même
de donner une explication à ce sujet.

En 1815, il avait cinq enfants, dont trois
demoiselles. Il possédait un domaine de famille d'une valeur d'environ trente mille
francs, puis une terre qu'il venait d'acheter, près d'Avalon, pour 360,000 francs. Il
perdit deux de ses demoiselles ; il lui en restait une et deux fils. Cette même année,
le général mourut sur le champ de bataille

de Waterloo, et ses ennemis le poursuivi-
rent jusque dans sa tombe ; insinuèrent
qu'il avait été tué par les siens, parce qu'il
trahissait la patrie, et ces bruits infâmes et
mensongers s'accréditèrent jusque dans ses
foyers! N'en parlons plus.

Mme Duhesme fut obligée de vendre sa
terre, lorsqu'elle maria sa demoiselle, et que
ses deux fils allaient atteindre leur majorité.
Eugène, l'aîné, hérita de la bravoure de son
père et fut honoré de la bienveillance du
roi. Malheureusement, en Algérie, le regret
d'être privé d'aller au combat par une maladie aiguë, l'égara au point qu'il se donna
la mort. Son jeune frère que je n'ai plus
revu depuis son enfance, et qui le remplace
auprès de S. M., a fait ses preuves comme
capitaine de chasseurs.

Pour revenir à notre proposition, bien loin
de posséder des millions, ce vaillant général
avait donc une fortune de quatre cent mille
francs!... Quelle grande richesse pour un
homme chargé de lauriers, d'une famille
nombreuse, de trophées ou armures d'honneur données par le Directoire et le premier

Consul. Et encore les malveillants, qui écoutent si complaisamment ces calomnies pour les répandre avec une si méprisable malice, ignorent assurément ou feignent d'ignorer que le chef suprême d'une armée, dans sa joie de la victoire, se plaît à gratifier les généraux qui l'ont secondé habilement, et se réserve, comme il en a le droit, une part proportionnée au rang supérieur.

Je ne saurais dire tout ce qu'a reçu de cette manière le général Duhesme; mais, je puis affirmer qu'à Naples, le général Championnet lui fit remettre 75,000 francs et le maréchal Masséna 40,000, dans les États de Venise. Qu'on juge donc de la jalousie des hommes informés de cette faveur et qui n'avaient point eu part à ce délicieux gâteau. Pense-t-on que leur bouche pût rester muette pour la critique ? Ne puis-je pas encore donner d'autres exemples qu'on peut sans remords acquérir de la fortune à la guerre ? Un guerrier, manœuvrant dans de riches contrées, s'emparant d'une ville, est-il donc rare qu'on vienne lui en remettre les clefs avec des sacs remplis d'or !... Il me semble que ce qui est offert de cette manière, peut être accepté sans crainte de charger sa conscience. L'homme cupide est celui qui fait violence pour obtenir de l'argent, intimidant les malheureux habitants, les menaçant de se livrer aux derniers excès et de ruiner le pays, si, à l'instant même, on ne leur apporte telle ou telle somme !..... Voilà les hommes vraiment dignes du courroux des ministres de la religion, et auxquels ils doivent, sans rémission, assigner le hideux séjour de l'*Enfer*, à l'existence duquel, pour le bien de l'humanité, une multitude de mortels devraient ajouter foi !...

Je crois pouvoir citer encore une de ces circonstances où il est possible d'acquérir de la fortune sans nuire à sa réputation d'honnête homme, voici comment : Souvent, un maréchal, le souverain même, croit utiles à la patrie des mesures tellement rigoureuses, que l'officier chargé de leur exécution, se montre tremblant par la crainte qu'il éprouve de porter préjudice à de malheureux habitants ; un autre, muni d'un

cœur de bronze, esclave plus scrupuleux de
l'ordre, exécute sa mission dans toute sa du-
reté, sans réfléchir qu'il pourrait remplir
son devoir avec moins de cruauté ; il agit,
et met les peuples dans les larmes. Celui-là,
n'est pas l'homme que j'estime ; l'exécration
s'attache à son nom. « La guerre couvre
tout, écrivait l'Empereur au général Duhesme, à Barcelone. » Mais l'homme bon
et spirituel s'entend avec les magistrats qu'il
a consultés ; et, après s'être assuré qu'il
peut concilier ses devoirs avec l'indulgence
la plus grande possible, il se voit alors, obligé
pour ainsi dire, de recevoir comme marque
de reconnaissance 500 ou 1,000 louis, plus
ou moins, et que bien peu de personnes re-
fuseraient, ce qui pourtant serait peut-être
mieux ; car à la guerre, tous, du grand
jusqu'au petit, trouvent l'occasion de faire
le bien : les uns en préservant du pillage
de riches habitations, les autres en empê-
chant une commune d'être ravagée.

Je servais de mon mieux la République,
quoique je ne fusse pas républicain, à une
époque où tant d'autres se faisaient gloire

de l'être; mais je ne crains pas d'avancer que, dans le 12e dragons, ci-devant d'Artois, où j'avais l'honneur de servir, parmi tous les officiers, à commencer par les supérieurs, on n'en aurait pu citer deux d'une opinion exagérée; aussi, j'étais dans les petits, et quoique n'ayant que le mince grade de maréchal-des-logis, j'ai trouvé les occasions de faire le bien.

Chacun sait que quand les froids arrivent. on s'entend avec l'ennemi pour savoir où chacun prendra ses quartiers d'hiver, où l'on reste tranquille jusqu'à ce que l'un ou l'autre dénonce les hostilités, ce qui a lieu aux premiers beaux jours. On sait également qu'un régiment a toujours dans la distribution des cantonnements une large part à cause des fourrages, dont il ne reste guère ou point, lorsqu'on part pour entrer en campagne. Je me complairai donc un instant à raconter ce qui me fut personnel, et j'aime à croire que je ne serai pas désapprouvé...

Nous étions dans la Westphalie; j'étais alors maréchal-des-logis, comme je viens de le dire, ayant deux brigadiers et environ vingt dragons sous mes ordres. J'occupais deux misérables hameaux, et j'avais pris le moins mauvais pour mon quartier ; je-me trouvais à quatre ou cinq lieues de l'état-major du régiment.

J'avais dans mes cantonnements deux pauvres émigrés ecclésiastiques, dont l'un, logé dans la même maison que moi, avait ébauché une espèce de chapelle dans laquelle, on le croira aisément, ne brillait pas le luxe. Son camarade s'était organisé de même à l'autre hameau, à un quart-d'heure du mien ; l'un et l'autre, fort estimés des habitants, et nourris par eux, disaient sagement leur messe à laquelle personne ne manquait d'assister.

Ces bons religieux se trouvaient heureux, dans l'exil, du respect qu'on leur portait, et même de la protection du petit maréchal-des-logis. Par reconnaissance des soins qu'ils recevaient de leurs hôtes, ils allaient fréquemment à la pêche et les régalaient de poissons.

Tout-à-coup, de sinistres bruits vinrent

circuler à leurs oreilles ; ils m'en firent part avec chagrin. J'étais indigné d'un ordre si sévère dirigé contre tous les émigrés de tout rang, et plus particulièrement contre les prêtres. Je ne pouvais le croire ; et, cependant, je m'alarmais sur leur sort et m'attristais de les entendre chaque jour me peindre leur terreur. Je parvins à la calmer en leur disant : Restez sans inquiétude, car si vous devez être arrêtés, c'est moi qui en recevrai l'ordre ; et sur ma tête, je trouverai le moyen de vous sauver. Restez donc, je vous le répète, sans la moindre inquiétude.

Nous continuâmes de vivre en bonne amitié ; mais, un peu plus tard, je reçus l'ordre de me rendre sur le terrain où devaient s'opérer les grandes manœuvres du régiment. Lorsqu'elles furent opérées, le cercle fut formé par compagnies pour entendre un ordre fulminant du Directoire, dans lequel il était dit que les émigrés conspiraient contre la République, et que les prêtres particulièrement devaient être regardés comme les plus actifs agents de la

conjuration ; que partout il fallait se mettre en mesure de les arrêter les uns et les
autres, et de les conduire au quartier-général.

En vérité, il me semblait impossible que
mes deux bons prêtres pussent être classés
au nombre des futures victimes menacées
par cet ordre sanguinaire ; mais j'avais promis de les sauver, et il était de mon devoir
d'accomplir scrupuleusement ma promesse.
Je ne craignais rien de mes chefs ; mais les
dragons auraient cru mériter des éloges s'ils
eussent dénoncé la protection accordée à
des émigrés. J'étais heureusement plus fin
que ces vilains hommes. Chaque détachement monta à cheval pour rejoindre son
cantonnement : et, après avoir marché quelques instants avec le mien, voyant que des
montagnes pouvaient couvrir la vitesse de
mon cheval, je pris le prétexte d'avoir des
écritures à faire, pour prendre l'avance,
j'ordonnai à l'un de mes brigadiers de ramener au pas pour ménager les chevaux, et
je partis en avant au petit trot. Puis, sitôt que
les montagnes me couvrirent assez pour ne

plus être aperçu de ma troupe, je pris l'extrême galop et j'arrivai à temps, pour sauver mes deux protégés...

La première personne que je vis en arrivant, fut mon compagnon de logement, auquel je dis avec précipitation : « Mon ami, vous n'avez que le temps de prévenir votre camarade, de faire vos paquets, de passer la rivière et de fuir en Prusse. Nommez-moi la personne chez laquelle vous vous rendez, car je veux y aller pour vous embrasser. Quand j'aurai la certitude que vous serez hors de danger, j'enverrai l'ordre d'arrêter votre camarade pour qu'il soit amené chez moi. »

Tout alla bien ; la troupe rentrée, j'écrivis sévèrement au brigadier d'arrêter sur-le-champ le prêtre que je savais être dans son cantonnement et de l'amener chez moi sous escorte.

Sa réponse m'amusa beaucoup ; il se morfondait en excuses de ce qu'il n'avait pu le découvrir malgré ses recherches les plus scrupuleuses. Ce succès m'enchantait. Que j'étais heureux du service que je venais de rendre.

Peu de jours après, je dis à mon dragon de seller nos chevaux, parce que nous allions faire une course. Nous passâmes la rivière qui nous séparait de la Prusse. Je me dirige droit au point indiqué, et j'arrive au château du baron de Pleitemberg, habitation qui avait l'air d'une forteresse. Je sonne, mais on m'avait aperçu de loin. On fut long-temps sans me répondre ; puis, enfin, parut un petit bossu, auquel je demandai en allemand (car il ne savait pas un mot de français), s'il n'avait pas chez lui deux prêtres français. Il affirma que non avec un sérieux imposant ; mais j'insistai ; puis, tout-à-coup, il se rendit plus traitable. Je pus lire sur sa physionomie qu'il faisait cette réflexion : « Je suis Prussien, nous sommes en paix avec la France, on ne peut commettre aucune violence chez moi. » Vous pouvez entrer et les voir, ajouta-t-il à haute voix. Ces pauvres prêtres me sautèrent au cou, m'accablant des démonstrations les plus amicales. Le petit bossu enchanté s'efforçait de m'exprimer ses regrets du mauvais accueil qu'il m'avait fait.

Je suis seul, me dit-il, et bien chagrin de ne pouvoir vous recevoir. Mon beau-frère et ma sœur sont à une noce; mais, sous huit jours, ils seront de retour. Puis, mille et mille instances pour m'engager à revenir les voir. Je n'avais garde d'y manquer et je revins avec mon dragon. Je fus si gracieusement accueilli, que ce même jour il me fut impossible de revenir coucher à mon cantonnement. Nos chevaux furent fermés à clef; et même, ce ne fut pas sans peine que le lendemain, nous pûmes monter à cheval. Madame la baronne, il faut le dire, était jeune et belle, et son mari, âgé de 25 ans, l'un des plus beaux hommes que j'aie vu de ma vie; l'un et l'autre bons, doux et très affables. J'avais alors vingt-deux ans, et on s'étonnera peu que j'eusse pris goût à cette maison et même de l'empressement avec lequel je me rendis aux instances faites pour me retenir. J'ai oublié de dire que lorsque j'eus pris congé du petit bossu, j'allai à la petite ville de Pleitemberg, fief du baron, où je vis une masse d'émigrés de toutes classes, grand nombre de religieuses, des officiers de marine

et de toutes armes. Je me liai avec plusieurs
qui vinrent me visiter incognito. C'était pitié
de les entendre raconter leur misère, leurs
regrets de la patrie et leur desir d'y rentrer.
Mais revenons à l'accueil que je recevais au
château. Un jour, le baron me témoigna
l'envie d'assister aux grandes manœuvres du
régiment, et, comme je lui promis de lui envoyer une ordonnance pour le prévenir du
jour où il y en aurait, son épouse, qui me
comprit quoique ne parlant pas français, annonça aussi qu'elle serait flattée d'y assister. Je dis à Madame que je serais l'ordonnance moi-même, et que je viendrais les
prendre. J'étais au mieux avec mon capitaine, l'un des plus galants de l'armée, et
je lui annonçai cette brillante et noble visite. D'après mon conseil, il tint prêt un
excellent déjeûner auquel assistèrent le colonel et les autres officiers en partie. Le baron prit sa revanche et invita tout le corps
d'officiers à dîner chez lui ; le colonel
acheta même de lui un fort beau cheval
pour douze cents francs. Le repas fut joyeux,
mais la naïve baronne, sans se douter qu'elle

pouvait me nuire tout en conversant avec
mon capitaine, et lui faisant quelques éloges de moi, lui dit que, quand je voulais
partir, on renfermait nos chevaux, puis,
qu'on me retenait quelquefois une semaine.
Le capitaine, quoiqu'il fût sévère, me dit
seulement que je n'étais pas gêné de quitter
mon poste pour venir m'héberger au château ; et les reproches se bornèrent là.

Peu de temps avant notre départ pour
recommencer la guerre, les pauvres habitants des deux hameaux étaient en alarme ;
ils venaient de recevoir l'avis qu'ils auraient
le passage d'un régiment de cavalerie de huit
cents chevaux ; grande désolation ! ces malheureux perdaient la tête ; les principaux
vinrent chez moi, m'expliquer leur embarras. Il était dans l'intérêt de mon détachement de détourner ce régiment de passer
par chez moi ; car huit cents chevaux eussent achevé d'absorber ce qui restait de fourrage. Je me hâtai de monter à cheval pour
marcher à la rencontre de ce régiment, et
m'adressant au colonel, je lui expliquai
l'extrême rareté du fourrage dans mes can-

tonnements, ajoutant que j'avais peu de maisons; que des hommes seraient logés par 5o au moins et mêlés avec les miens. Je lui indiquai des villages peu éloignés, où son régiment serait d'autant mieux que les habitants étaient sans troupes. L'affaire fut arrangée et mes paysans ne sachant comment me témoigner leur reconnaissance, m'attendirent avec un petit sac renfermant je ne sais combien d'écus, et que je refusai. Pourtant, je dois avouer que le malheureux Job n'était pas plus pauvre que moi; je n'avais que 75 ou 8o centimes par jour. Je dis la vérité.

Je reviens au général Duhesme. Je ne sais s'il fut longtemps frappé de la disgrâce de Napoléon; mais il est certain qu'il fut invité aux fêtes du mariage. Son grand chagrin exista toujours, à l'exception de la bataille de Marengo, où il commandait deux divisions : celle du général, le grand Gardanne, et l'autre de Rochambault. Si mes souvenirs ne me trompent, à cette époque, le premier Consul semblait le voir avec distinction ; il lui avait donné une divison de

faveur et une armure d'honneur. Mais, à
l'avènement au trône, le général se trouva
de nouveau desservi par des ennemis qui
faisaient partie des hauts personnages for-
mant la nouvelle cour ; et jamais il ne fut
plus appelé pour servir sous les yeux de
S. M. dans les grandes et mémorables batailles qui se livrèrent. Il s'en plaignit amè-
rement ; et ce fut fort malheureux pour lui ;
car, dans ma conviction, ou il eut trouvé la
mort des braves, ou il serait monté au pi-
nacle, comme tant d'autres de ses anciens
camarades, et, certes, il avait des qualités
capables de le porter au grade militaire le
plus élevé. Je reviendrai sur lui dans les
événements de 1814.

Comme rien ne faisait supposer, en 1812,
que le général Duhesme aurait un commandement, je le priai de me recommander
au ministre de la guerre pour suivre la
campagne de Russie, et je fus attaché à
M. le comte de France.

Je crois qu'il est notoirement connu que
l'Empereur seul marchait avec confiance à
cette guerre qui fut si horriblement désas-

treuse. Déjà, en France, on en augurait
fort mal, mais ce fut encore bien autrement
que nous en entendîmes parler, sitôt que nous
nous trouvâmes de l'autre côté du Rhin.
Pas un seul de ceux qui nous en entrete-
naient, ne cessait d'affirmer que notre perte
était certaine ; et combien je pourrais nommer de généraux qui partagèrent cet avis!...

L'armée n'en marchait pas moins avec dévoûment, confiance et courage... Je m'arrête ; car tout ce que je pourrais dire de la
rapidité de notre marche, de nos succès
comme de nos misères et privations, est
bien connu ; je n'ai, d'ailleurs, pas d'autre
intention que de parler de mon affreuse
captivité qui dura deux années.

Je commence du point le plus éloigné où
nous sommes allés et où se trouvait le corps
d'armée du roi de Naples. Ce prince tenait
position à environ huit ou dix lieues en
avant de Moscou ; puis, en avant encore,
était postée une extrême avant - garde de
chasseurs à cheval qui soutint un combat
assez vif ; l'intrépide général Excelmans y
fut blessé à l'un des pieds ; il vint se faire

panser à l'ambulance, puis, se fit remonter sur
son cheval ; tous ses camarades voulurent le
retenir, mais il prit le galop, en disant : « Je
ne veux pas quitter mes braves chasseurs, »
et il les rejoignit pour charger à leur tête.
Ce fut, je crois, le 4 octobre. Dès ce moment, pendant une douzaine de jours, à
peine y eut-il quelques escarmouches ; mais
dépourvus de fourrage, les chevaux mouraient par quinze cents chaque jour, ceux
qui restaient avaient de la peine à marcher.
Heureux ceux qui pouvaient se procurer du
fumier qui couvrait les cahutes. Nous n'a-
vions pour les faire boire qu'une mare où
avait croupi du chanvre. On nomma ce lieu
le *bivouac de la pure misère!*

Quelle position !... rien à manger, rien à
boire, temps humide, toujours dans la boue
ou dans l'eau, quelques misérables chaumières çà et là, grossièrement construites,
comme toutes celles des paysans de ce vaste
empire, nous les démolissions sans peine
pour nous chauffer en rase campagne, et si,
dans cette position si fâcheuse, il nous était
permis de nous plaindre, il fallait bien aussi

gémir, je dirai presque pleurer sur nos pauvres chevaux éflanqués, se soutenant à peine et qu'on ne pouvait dispenser d'un rude service.

On avait dirigé sur Moscou tous les fourgons des généraux de régiments. Bref, tout ce qu'il avait été possible de réunir pour les ramener chargés de provisions ; avec quelle anxiété ce trésor était-il attendu!.. Il arriva enfin... Mais, dois-je le dire, il fut pour les Russes !... Il arriva dans la nuit ; la distribution fut remise au lendemain matin qui était le 16 ou 17 octobre. Cette même nuit, on eut avis que notre corps d'armée devait être attaqué sur tous les points. Ordre fut donné à toute la cavalerie d'être à cheval, pour se disposer à recevoir cette attaque. L'infanterie fut également toute sous les armes. Nous restâmes en position, les rênes au bras pendant toute la nuit, et à six heures et demie, le jour commençant à paraître, et rien n'annonçant une attaque, on donna ordre de rentrer au *bivouac de pure misère*, de débrider et de faire manger les chevaux. Mais que leur donner ? On n'avait rien.

Les Russes, disons-le, puisque c'est la vérité, furent adroits et usèrent d'une bonne ruse de guerre qui nous devint funeste !... Ils nous avaient observés, et, sachant que notre infanterie s'était fatiguée toute la nuit sous les armes, de même que toute la cavalerie, au moment où ils virent nos chevaux débridés, et nos hommes un peu dispersés, ils chargèrent sur tous les points avec des hurlements effrayants. Nous fîmes de même, et, comme eux, en tirailleurs ; car leur attaque fut si brusque, si imprévue qu'aucune formation n'avait pu être exécutée. A peine les avions-nous terrassés sur un point, qu'il fallait voler sur un autre.

Le carnage fut épouvantable. Le roi de Naples, ce guerrier si redoutable, devenu, plus tard, si malheureux par sa faute, sabra sa bonne part de Cosaques dans cette fatale journée !...

Nous perdîmes toute notre artillerie, toutes les voitures chargées de sabres, de cuirasses et de fusils, des hommes tués ou démontés, tous les fourgons chargés des provisions arrivées de la veille ; pas une parcelle n'en échappa non plus qu'aucun de nos effets. Les officiers de santé n'avaient plus le moindre instrument, ainsi que les maréchaux ferrant, dont les forges avaient subi le même sort que tout le reste. On ne pouvait ni ferrer les chevaux, ni les déferrer pour marcher sur la glace. Ce fut dans cet épouvantable et si absolu dénûment, que la retraite fut résolue... Quelle perspective, suivre la même route si complètement dévastée en avançant par les Russes et nous. Nous ne retrouvions que les cadavres des combats précédents, tels que nous les avions laissés. Pourrait-on rester sans épouvante, en pensant que nous avions plus de 500 lieues à faire avant que d'arriver en Prusse, en Saxe, et autres pays qui pourraient satisfaire à des besoins aussi généraux que pressants.

Nous marchions ; mais avec d'autant moins de courage que tout nous manquait. Nous étions escortés de Cosaques à droite, à gauche, en arrière ; et fréquemment, ils nous accablaient de charges fougueuses, qui toujours nous faisaient perdre du monde et des équipages. D'autres fois, leurs mesures

étaient moins bien prises. Ces enragés de-
venaient victimes de leur audace ; ils étaient
sabrés, tués, ou restaient nos prisonniers,
et c'est ce qu'il y avait de plus fâcheux pour
eux, car comme on ne pouvait leur donner du
pain qui manquait à nous-mêmes, quand ils
tombaient d'inanition, il fallait les fusiller.
Certes, j'ai lieu de croire que jamais armée ne
s'était trouvée réduite à une semblable extré-
mité. Il suffisait d'avoir des épaulettes, pour
que les soldats vous crussent plus heureux
qu'eux ; ils se précipitaient à nos genoux en
nous suppliant de leur faire l'aumône d'une
croûte de pain ! Mais on sera pénétré du
regret que nous éprouvions de ne pouvoir
répondre à ce genre de supplication. On
comprendra que ceux qui en venaient
là , étaient sur le point de rendre le dernier soupir et ils étaient en nombre ef-
frayant. Le froid devenait chaque jour
plus rigoureux , quoique nous fussions
encore dans le mois d'octobre ; et, s'il y
avait la moindre côte, impossible de la faire
gravir, les chevaux n'ayant que des fers
usés ; il fallait donc, chaque jour, brûler

grand nombre de voitures ou fourgons et abandonner les pièces d'artillerie après les avoir enclouées.

Je reviens en arrière pour donner une idée des tristes présages de cette campagne si horriblement désastreuse, et montrer si les habitants n'avaient pas raison d'affirmer que notre armée si admirablement belle, marchait rapidement à son tombeau!..

Je n'étais nullement désigné pour cette campagne; j'espérais toujours que le général Duhesme recevrait une destination pour l'Espagne; mais on le laissa dans l'inaction, pour le retrouver plus tard.

Quand je quittai Paris, pour rejoindre mon poste, nos troupes approchaient déjà de la Pologne. Je passai le Rhin à Strasbourg, et continuai ma route sur Francfort. Je m'étais muni de papiers sur Leipsick, pour acheter mes chevaux en Allemagne. Le hasard m'en fit rencontrer trois qui me convenaient parfaitement; puis, étant convenu du prix, je les achetai avec la simplicité de croire que rien ne me serait plus aisé que de négocier mes billets, l'un sur la maison

Dufour, l'autre sur MM. Platzmann; mais ce fut bien vainement que je me présentai chez tous les négociants de la ville. Il ne m'était pas venu dans l'idée qu'on ne pouvait prendre du papier d'une personne inconnue; et j'avais d'autant plus de regrets de ne pouvoir réaliser, que j'allais manquer l'occasion de me monter convenablement. Je me souvins alors de M. le prince d'Iambourg; je l'avais connu à Paris, et je pensais que peut-être il m'aiderait à sortir d'embarras. Il était excessivement bon, très dévoué à l'Empereur, malheureusement pour lui, car les alliés le traitèrent mal. Mais ce digne homme était sans crédit; les recommandations qu'il me donna furent vaines... J'étais bien chagrin et sur le point de continuer sur Leipsick, lorsqu'une personne à laquelle je racontais mes ennuis, me demanda de quel pays j'étais? De Châlons, dis-je. De Châlons! Mais, adressez-vous donc à M. Colasson, directeur des Douanes; il est votre compatriote, et très influent dans ce pays; aimé autant qu'estimé, il se plaît beaucoup à rendre service. Courez donc chez lui ; je puis vous assurer que vous aurez à vous en louer.

Je ne le connaissais pas, mais j'avais été ami avec son frère. Je me présentai chez lui ; et je dois dire que son abord me flatta beaucoup. Je m'expliquai franchement, mais il n'attendit pas que j'eusse fini pour se montrer disposé à me rendre le service que je voulais lui demander, et me fit escompter mes billets par M. le banquier Bettmann, ce qui me mit au comble de la joie. Je ne revis plus M. Colasson ; mais j'ai appris depuis peu qu'il habite Paris, rue du Helder, et je ne manquerai pas d'aller le visiter et de cultiver de nouveau sa connaissance.

Tant d'incidents m'avaient retenu à Francfort quatre ou cinq jours. Je repris enfin le chemin de l'armée avec un domestique que le prince d'Iambourg m'avait autorisé à emmener hors de ses Etats ; cet homme était juif ; je n'eus qu'à me louer de lui, mais il eut pu mieux faire que de s'embarquer dans cette galère. Nous arrivâmes à Leipsick et j'allai voir MM. Dufour et Platzmann qui m'apprirent que mes mandats avaient été présentés et acquittés, ce qui me fit plaisir, en me donnant l'assurance que la personne qui m'avait obligé sans me connaître, n'éprouverait pas de regrets. Je m'étais embarrassé de beaucoup d'effets qui me gênaient extrêmement et fatiguait mes chevaux. J'en laissai la moitié chez M. Platzmann, et combien je fus heureux de les retrouver au retour de ma captivité !.. A ce moment, j'avais encore une douzaine de louis que je croyais une somme suffisante pour rejoindre l'armée. Je me trompais. A mesure que nous approchions de la Pologne, les magasins militaires étaient dépourvus, et pourtant, il fallait nourrir les chevaux et vivre soi-même maigrement: il n'y avait que des juifs qui pussent procurer ce dont on avait besoin. C'est assez faire connaître que l'argent allait grand train et si rapidement que bientôt je n'en eus plus. Et il me fallait encore voyager environ quinze jours dans cette fâcheuse position ! J'avais une montre à répétition, la chaîne entièrement en or, avec un énorme cachet qui m'avait coûté 120 francs, acheté de rencontre. J'espérais faire ressource de

tout cela ; à chaque gîte, à peine arrivé, je
faisais courir mon domestique, mais infruc-
tueusement. J'estimais la chaîne et le cachet
de douze louis à trois cents francs, et le plus
qu'on m'en offrit, ce fut dix-huit francs. Il
était visible que, dans leur défiance, ces vil-
lageois craignaient d'acheter du cuivre doré
pour de l'or. En vérité, je ne savais que devenir !.. Un jour, j'eus besoin de faire venir
un vétérinaire pour mes chevaux ; il fallut
bien lui avouer ma misère, et le prier d'accepter un foulard au lieu d'argent ; puis,
j'échangeai du linge pour du foin et de l'a-
voine : je vendis d'autres pièces pour vivre.
Inutile de dire combien j'étais fatigué de ce
triste commerce; mais, enfin, j'arrive à Wilna,
que je trouve encore complètement em-
preinte du passage de l'armée, c'est-à-dire,
triste, malpropre et délabrée. Cependant,
j'y devins plus heureux, et je pus me dédommager de mes longues privations ; car
j'y trouvais un sous-intendant militaire qui
me fit payer un mois de mes appointements.
Mais de cette ville commença, pour ne plus
finir, la grande misère de mes chevaux. Il

n'y avait que des magasins vides, et mon domestique fut obligé d'aller couper du seigle déjà en épis pour leur nourriture. Ce seigle arrivait en fagots, serré, fumant de chaleur. Sans avoine, qu'on juge de la bonne nourriture et des bonnes jambes que mes pauvres bêtes durent avoir en voyageant constamment, et, plus tard, elles devinrent bien autrement malheureuses, car on ne trouvait absolument rien ; nous les mettions quelques heures dans un mauvais paccage.

Si ma mémoire m'est fidèle, c'est à partir de Wilna que, pendant une marche de non moins de cent lieues, les yeux avaient à se repaître de tableaux qui resserraient le cœur. La route qu'avait suivie l'armée, jonchée de chevaux morts, de voitures éparses, les unes en bon état, les autres brisées, abandonnées par les conducteurs qui étaient sans pain et sans fourrage !.. On comprend bien que le service d'une armée si considérable exige de terribles rigueurs. Il fallait enlever de bonne volonté ou de force toutes les voitures, les chevaux ou les bœufs du pays, et même une foule d'autres objets dont on disait avoir

besoin pour 24 ou 48 heures... mais tant
que les hommes et les chevaux pouvaient
marcher, on les forçait de suivre ; puis ils
tombaient pour ne plus se relever... et comment se relever n'ayant pour subsistance
que de l'herbe , bonne ou mauvaise. Les
pauvres conducteurs, sans pain, sans ressources, abandonnaient tout pour s'évader
dans la nuit et rentrer dans leur habitation,
déjà ruinée par le passage des troupes.

Je rencontrai dans la Prusse polonaise, un
chef d'escadron de chasseurs dont je ne
puis me rappeler le nom, que j'avais connu
aide-de-camp du général Kélermann, et qui,
en 1830, fut un instant colonel du 5me cui-
rassiers ; il avait reçu ordre de rétrograder
pour recueillir tous les hommes restés en
arrière avec leurs chevaux blessés et de les
ramener à leur régiment. Je me joignis à lui
pour l'aider. C'était une corvée pénible que
de ramener des chevaux non guéris, dont le
plus grand nombre ne purent suivre, car
sur 200 environ, nous n'en ramenâmes pas
la moitié. Enfin, nous atteignîmes l'armée.
Chacun s'orienta pour rejoindre les siens ;

mais ce n'était pas chose facile : il fallut courir et demander longtemps avant de rencontrer une personne qui eut notion du placement des corps. Ce ne fut que le lendemain, après de nombreuses courses, que je finis par découvrir le corps du général Montbrun, et enfin M. le comte de France.

J'en resterai là pour reprendre et continuer le récit de la retraite, jusqu'au moment où je fus fait prisonnier. Il règnait parmi nous un beau désordre auquel il était impossible de rémédier par ce que chacun mourait de faim ; la plupart des soldats se répandaient à gauche et à droite de la route, dans l'espoir de se procurer quelques secours, ne trouvaient jamais rien, et le plus souvent étaient assassinés par les Cosaques irréguliers.

A l'époque du terrible hourra dont j'ai parlé, je fus atteint d'une douleur de dents des plus cruelles, et ce fut vainement que je réclamai le secours des officiers de santé qui n'avaient rien pu soustraire à l'impétuosité des Russes. Le résultat fut une

6

fluxion comme il n'en exista jamais, puis
une diarrhée complète, et pour parfaire ma
position, une fièvre continue... Je me crus
perdu. De trois domestiques il ne m'en restait pas un : ils avaient été pris successivement avec des chevaux ; j'étais ami de
M. Clerc, alors colonel du 1er de cuiras-
siers ; il avait un grand nombre d'hommes
démontés et ne se refusa pas à m'en donner
un pour me rendre des soins dans le triste
état où j'étais. Ma fluxion, en dépit du froid
extrême, diminua peu à peu, mais le reste
me dura longtemps. Enfin, il fallait marcher
ou périr. Je rencontrai un jour Caron, aide-
de-camp du maréchal Ney, l'un de mes
anciens amis : N'auriez-vous pas, lui dis-je,
quelques croûtes de pain de reste du dîner
de M. le maréchal? Il me répondit : « Tous
les matins, quand nous montons à cheval,
l'intendant du Maréchal nous donne à chacun un petit morceau de pain. En voilà un :
je me trouve heureux de ne l'avoir point
encore mangé pour vous l'offrir. Je vais à....
faire le logement ; si vous pouvez y arriver,
demandez-moi, je vous promets un pain de

munition entier, peut-être deux. » Mais je
ne pus y arriver.

Après avoir marché cinq ou six semaines
et repassé sur tous les champs de combats,
entr'autres la bataille de la Moskova que nous
retrouvâmes avec tous les morts que nous
y avions laissés, nous arrivâmes à Smolensk.
Il me semblait que l'armée faisait mine de
s'y reposer quelques jours et je m'en réjouissais.

Il y avait une espèce d'ambulance et beaucoup de malades. Un docteur m'y conduisit;
nous y passâmes le reste de la journée, et,
le lendemain, dès la pointe du jour, les préparatifs d'évacuation se faisaient pour je ne
sais où. Nous fûmes placés sur de petites
voitures, mais les conducteurs le firent-ils
exprès ou s'égarèrent-ils? c'est ce que je ne
puis dire. Je sais seulement que bientôt
nous nous trouvâmes au milieu d'un corps
d'armée russe dont la cavalerie me paraissait composée de Bavarois; mais je fus bientôt détrompé en voyant accourir les Cosaques pour nous dépouiller successivement
avec une inhumanité aussi grossière que

cruelle !.... Les premiers cosaques à la dis-
crétion desquels nous nous trouvâmes, furent encore assez humains pour ne pas nous
dépouiller jusqu'à la chemise. Celui auquel
j'avais à faire dût être content de sa cap-
ture, car il eût mes deux chevaux, un bout
de porte-manteau dans lequel je n'avais
qu'une mauvaise chemise, mes rasoirs et
quelques bagatelles; mes armes, une fourrure
que j'avais sous ma chabraque ; en outre,
mes fontes de pistolets, un superbe carrick
que j'avais fait faire à Paris pour cette campagne, et qu'il commença par endosser ; ma
montre, ma bourse d'autant mieux remplie
qu'on ne trouvait pas à dépenser. Il s'en
tint là, me laissa mon uniforme et ne toucha
pas même aux marques distinctives de mon
grade dont je pouvais tirer quelque ressource.

Un officier se détacha du gros de la troupe
et vint échanger quelques paroles avec moi.
Vous paraissez malade, Monsieur?—Oui, j'ai
une fièvre continuelle dont je souffre beaucoup ; et je suis encore plus mal à mon aise,
depuis que je me trouve dépouillé du carrick qui me couvrait. J'ai une fourrure sur

le devant de ma selle, et si vous aviez la bonté de me la faire donner, je vous en serais fort reconnaissant. Où est ce cosaque ? Je le lui montrai, il était déjà loin. L'officier fut prompt à lancer un cavalier sur le cosaque paré de ma dépouille. Il fut ramené au galop et je pus reprendre ma fourrure qui atténua le tremblement de ma fièvre. Je me crus sauvé, et, en effet, je l'aurais été, s'il m'eut été possible de rester tel que je me trouvais alors. Ma fourrure me faisait grand bien ; j'avais mon uniforme intact, un caleçon de casimir en lambeaux, mais par dessus un pantalon-charivari excellent, quelque argent dans les poches, enfin rien de bien défectueux dans mes hardes, si ce n'est mes bottes qui laissaient échapper un peu mes pieds. Leurs déchirures s'agrandissaient chaque jour dans la neige, ce qui me faisait continuellement souffrir un froid bien cruel. Au reste, nos cosaques d'escorte nous semblaient moins cruels que d'autres ; nous nous bercions de l'espérance qu'on ne les relèverait pas ; nous pensions même que nous aurions un officier pour nous faire respec-

ter ; mais rien de tout cela n'eut lieu. Après
avoir marché une demi-heure, nous trouvâmes de nouvelles troupes, notre escorte
fut changée, et il fallut bien que ces nouveaux camarades prissent leur part du bu-
tin. Un capitaine, toujours de Cosaques
irréguliers, les plus brigands et les plus vo-
leurs de ce monde, comme nous l'ont dit
fréquemment les seigneurs, ce capitaine,
dis-je, s'avança sur moi, et, sans mot dire,
m'enleva ma fourrure, puis m'arracha mes
épaulettes et toutes les garnitures de mon
chapeau avec une brusquerie révoltante.
Notre colonne fut grossie de nouveaux prisonniers dépouillés comme nous ; ce qui arrivait à chaque nouvelle escorte. Plus tard,
mon habit me fut enlevé. Celui qui me le
prit fut encore assez bon pour me donner
sa guenille de capote remplie de ces sales
et détestables petites bêtes que l'on devi-
nera sans peine, et dont l'existence par un
froid si rigoureux m'étonnait beaucoup.
Quelque temps après, on m'enleva mon gilet, ma cravate et mes gants ; je n'avais
plus que mon charivari qui était trop élégant

pour me rester encore longtemps. Nous nous trouvâmes un soir au beau milieu d'un camp qui nous parut nombreux, où était le quartier du prince Kutusow. On nous laissa quelques heures ; c'était le troisième jour que nous étions en marche, sans qu'on se fut occupé de savoir si nous avions besoin de nourriture ; besoin dont cependant on ne pouvait douter. L'obscurité était profonde ; il y avait seulement une faible lueur projetée par les feux des bivouacs. Les soldats arrivent en masse et s'emparent de chacun de nous, se mettent à s'assurer si ceux qui les avaient précédés en visite n'auraient pas oublié quelque chose. Ils cherchent, tâtent, fouillent partout. Celui qui me traitait ainsi, ne trouvant rien, se montrait furieux ; mais il se calma bientôt, car ayant porté les yeux sur mon charivari, il vit briller de chaque côté des boutons jaunes, puis des galons en or, il prit ce pantalon par le haut ; il fut d'un seul trait déboutonné du haut en bas. Je ne fus plus couvert que du caleçon en lambeaux dont je vous ai parlé, et mes larmes coulèrent en abondance pour la première fois !...

Nous reçûmes un grand nombre de nouveaux prisonniers; et quand le prince eût
donné ses ordres, nous fûmes remis en
marche. Il paraît qu'on était pressé de nous
éloigner, car nous marchâmes toute la nuit.
Arrivés dans je ne sais quel village, sur les
sept heures du matin, il nous fut permis
d'allumer du feu sur la neige en plein
champ. Quelques heures après, on vint nous
dire qu'on s'occupait dans plusieurs cahutes de nous préparer quelque chose à manger... Quelle heureuse nouvelle pour des
affamés! Longtemps encore il nous fallut
attendre, mais enfin on vint nous chercher.
On nous distribua par 15 ou 20; mais,
grand Dieu! dans un pays où le pain vaut
à peine 4 centimes la livre, nous fûmes loin
d'en avoir à notre suffisance!!!.. On nous
rationna, et nous fûmes bien forcés de nous
en contenter. Seulement, quelques officiers
russes se réunirent pour nous inviter à boire
quelques cruchons d'eau-de-vie. Disons franchement pour les excuser d'un si mince
sacrifice, que tous sont pauvres, et qu'ils
avaient alors de si faibles émoluments, qu'ils

ne pouvaient satisfaire leur inclination à la bienfaisance. Nous nous remîmes en marche, pataugeant dans la neige, jusqu'à minuit. Etions-nous malheureux ? O ciel! la plus grande partie l'était comme moi ; mais voudra-t-on me croire si je dis que quelques-uns furent encore plus à plaindre? Je n'en citerai que deux dont les noms sont encore présents à ma mémoire : les nommés Cotte et Boguereau de Paris, deux jeunes sous-lieutenants qui venaient de sortir de l'école Saint-Cyr, furent dépouillés avec tant de férocité qu'il ne leur restait à l'un et à l'autre que leur chemise. Mais que pouvait ce faible vêtement contre les rigueurs du froid ! Puis, arrivés à la station, nos conducteurs prenaient souvent la fantaisie inhumaine de nous faire sortir dans la neige pour s'assurer qu'aucun de nous ne manquait ; et je frissonne en me rappelant que ces deux malheureux officiers n'étaient pas exemptés de paraître en cet état! Des soldats les y portaient sur leurs épaules!!.. Trois jours après, ils moururent gelés. A ce moment, la colonne des officiers était d'environ quatre cents ;

nous avions des traîneaux sur lesquels, pour
mon compte, je n'avais jamais pu tenir deux
minutes, tellement le froid était cruel. Mais
tous ces malheureux qui débutaient, ne
pouvant marcher, ne les abandonnaient pas.
Le froid les y saisissait; on les croyait en-
dormis, ils étaient morts gelés. Le neveu
du général Hullin subit ce triste sort. Dirai-
je aussi que des officiers gravement blessés,
marchant avec des béquilles, ne purent jamais
obtenir de rester en arrière pour recevoir
des soins. Qu'on juge combien ils étaient à
plaindre de ne pouvoir bouger d'un traîneau
pendant huit, dix ou douze heures!.. L'un
d'eux avec lequel j'étais lié me donna ses papiers et le peu d'argent qu'il avait, en me
disant qu'il craignait d'être assassiné. Mais
j'appris que, ne pouvant plus supporter ses
souffrances, il se déshabilla complétement
et se précipita dans la neige pour en finir
plus vite. Il se nommait Beaudoin, du 93me,
natif de Saumur. J'ai fait remettre à sa famille ses papiers et 23 francs qu'il m'avait
confiés.

Il y avait environ huit jours que nous étions

en marche, sans qu'on nous eût donné d'argent ni demandé si nous avions faim. Parmi les prisonniers, il s'en trouvait de moins malheureux qui, ayant été pris par la garde impériale, furent traités avec quelques égards. Il ne fut touché aux vêtements de presque aucun de ceux-ci. Un assez grand nombre avait sauvé leur bourse. Un, entr'autres, nommé Bailleuil, officier payeur du 20ᵐᵉ léger, avait eu l'heureuse précaution de sauver quarante napoléons dans ses bottes. Ces hommes furent pris bien après nous; et quand ils furent joints à la colonne, nous ne rencontrions plus d'armées; d'ailleurs des officiers avaient été attachés à notre colonne; ils ne nous auraient pas laissé insulter. Ces nouveaux camarades, dis-je, étaient les heureux; ils pouvaient boire la goutte et manger de petits pains blancs. Nous ne connaissions aucun de ces superbes dont le sort nous faisait envie; il nous fallait les voir se bien soigner, tandisque, nous, nous mourions de faim. La colonne de nos soldats et sous-officiers avait été au nombre de trois mille, mais comme chaque matin on en trouvait

deux à trois cents de morts, la diminution
devenait effrayante, et s'augmentait encore
de ceux qu'on égorgeait sous nos yeux, parce qu'ils ne pouvaient plus suivre faute de
nourriture... Nous avions fini par rester
froids devant cette horrible boucherie. Nous
nous disions : aujourd'hui leur tour, demain
le nôtre, et tous nous subirons le même sort.

Nous arrivâmes à je ne sais quel village. Là,
on nous demanda nos noms et nos grades,
puis, on nous prévint dans des termes d'une
extrême sévérité que celui qui serait reconnu
avoir fait une fausse déclaration, serait conduit chargé de chaînes à un régiment russe
pour y servir comme simple soldat. Après
cette aimable menace, il nous fut distribué,
pour la première fois, deux jours seulement
de solde comme prisonniers. C'était, pour les
grades de capitaines, de lieutenants et de
sous-lieutenants, dix pétaques que j'évalue à
cinquante centimes, quoique les Russes pré-
tendissent que le pétaque valant cinq copecks
c'était cinquante sous de France. Il faudrait
donc en conclure, que S. M. l'empereur
Alexandre gratifiait les grades que j'ai dé-

nommés de 2 fr. 50 centimes par jour; mais je le conteste, et voici mon raisonnement.

L'or en Russie est rare; pour mon compte, je n'ai eu occasion d'y voir que deux pièces d'or de quarante petits roubles chacune; et en ayant pesé une avec deux napoléons de vingt francs, je trouvai que le poids de ces deux pièces égalait celui de quarante petits roubles. Je ne m'en suis pas tenu là; j'ai comparé ces petits roubles avec nos pièces de vingt sous, nulle différence. J'ai ensuite examiné un rouble de quatre petits et je crois avoir remarqué qu'il s'en manquait d'un cinquième qu'il eut le poids de l'une de nos pièces de cinq francs. Je veux encore ajouter que nous ne pouvions nous faire raser à moins d'un pétaque, et qu'il nous fallait en donner autant pour un œuf dans ce pays où tout, pour ainsi dire, était à rien. Le poisson gros ou petit coûtait trois sous la livre, même prix pour le lard salé; la viande de boucherie valait six à sept liards la livre, où nous étions; ailleurs, cinq centimes. Un lièvre coûtait vingt centimes, la peau rendue; un veau ou un mouton vivant, au plus trente cinq sous;

une belle vache, trente et quelques francs; une
paire de bottes disgracieuses, quatre francs...
tout enfin dans la même proportion. Je sais
bien que le poids et la dimension de ce pétaque, sont absolument comme une de nos pièces de cinq francs. Je sais bien aussi que cette
lourde monnaie se divise comme je l'ai dit
en cinq copecks, mais cette monnaie est loin
du poids de l'un de nos sous ; et entre nous
il fut décidé que ce n'était que des centimes
quoiqu'ils fussent plus pesants, mais le cuivre en Russie est dans une très grande abondance et les monnaies d'argent rares et si
rares que des habitants s'adressaient souvent
à nous pour savoir la valeur de telle ou telle
pièce. Ils ont, comme jadis nous en avions,
des assignats en abondance dont les moindres
sont de cinq francs ou cinq petits roubles,
mais ne perdant jamais, si ce n'est dans les
lieux éloignés du centre de l'Empire. Les
pièces d'argent, en Russie, sont de quatre
roubles et de deux, puis d'un, ensuite de seize,
douze et huit pétaques.

J'ai dit que nous reçûmes deux jours de
solde, après quoi, huit autres jours; mais

nous n'eûmes rien de plus pendant cinquante jours. Certes, la faute ne pouvait être attribuée à S. M. Alexandre, mais à l'officier supérieur chargé de nous conduire, qui, spéculant sur nos misères, retenait notre solde et nous disait toujours qu'il n'y avait pas d'argent ; nos soldats qui en avaient si peu, je crois l'avoir dit, furent moins de temps sans en recevoir. Cependant, ce ne fut pas avant quarante jours ; alors, tombant de faim, de lassitude et de froid, leur tour arrivait d'être percé de coups de lance : aussi les routes que nous parcourions étaient couvertes de sang et de cadavres!... Il m'arriva un jour de m'en plaindre le plus doucement qu'il me fut possible. « Nous ne faisons, me dit l'officier, qu'user de représailles pour ce que vous avez fait aux nôtres. » C'était vrai, et je dus garder le silence. Mais je vais raconter un affreux raffinement de barbarie.

Nos gardes savaient que nous venions de recevoir huit jours de solde ; alors, en arrivant au gîte, après nous avoir entassés dans une cahute autant qu'elle pouvait en contenir, les soldats donnaient le mot aux paysans, leur disant : ils ont reçu leur paie, ils sont mourants de besoin, nous n'en laisserons sortir aucun pour les obliger à n'acheter du pain que de vous ; mais ce qui vaudra dix sous, vous ne le donnerez pas à moins de six francs et nous partagerons. Ainsi, il fallait ou en passer par là ou mourir de faim. Qui pourra croire à cette infamie ! Volés par les officiers, volés et égorgés par les soldats, pouvions-nous espérer qu'un seul de nous reverrait sa patrie, sa famille !... Mais, comme on le verra, nous restâmes en si petit nombre que c'était vraiment pitié !

Malheureux et déguenillé, j'osais à peine dire que j'étais capitaine, me persuadant qu'on ne pourrait me croire. Cependant, je me familiarisai avec les heureux de la colonne dont je reçus quelques verres d'eau-de-vie et quelques croûtes de pain ; et, plus tard, quelques-uns me prêtèrent de l'argent ; peu à peu je fus pris par eux en amitié.

Les seigneurs russes, souverains dans leurs

villages, ne se montraient pas toujours dis-
posés à nous y laisser passer la nuit. Il arrivait alors quelquefois que n'en pouvant
plus de fatigue et de besoin, ayant marché
depuis six heures du matin jusqu'à cinq
ou six heures du soir, on nous laissait sur
le grand chemin, pendant qu'on sollicitait,
sans pouvoir l'obtenir, la permission de passer la nuit. Alors on revenait nous dire qu'il
fallait continuer.... quel désespoir!... que
de lamentations!... quelle rumeur! que de
cris perçants, que de larmes n'inspirant
nulle pitié! il fallait mourir... Combien on
en égorgeait en pareille occasion! Ceux qui
tombaient ne se relevaient plus... Dois-je
dire que, deux fois dans cette position, horriblement fatigué comme je l'étais, ne pouvant me soutenir, j'ai douté cinq minutes si
je devais rester debout ou m'étendre sur la
neige pour ne plus me relever, comme tant
d'autres!... Mais, enfin, mon courage ne
cessa pas de me soutenir. Je suivis ceux qui
pouvaient marcher encore. A minuit, nous
arrivâmes. Mais quelle autre misère!... aucun paysan ne voulait ouvrir. L'escorte se

montra bien, tapa, menaça d'enfoncer les
portes, et quelques-unes même furent brisées. Ce ne fut qu'après deux heures d'at-
tente que nous pûmes prendre un peu de
repos. Mais quel repos!.. On faisait dans la
cassine où nous passions le reste de la nuit
du biscuit russe, qui n'est autre chose que
du très mauvais pain de mousick (paysan),
que l'on coupe par petits morceaux quand
il est cuit et que l'on jette ensuite dans le
four pour le faire sécher de manière à ce
qu'il devienne aussi dur qu'une pierre. Je
m'approchai du four, lui tournai le dos
comme pour me chauffer, et déjà j'étais parvenu à en tirer quelques morceaux, lorsque le mousick m'aperçut! Il courut sur
moi avec une hache qui, quoique petite,
pouvait facilement me fendre la tête.... On
distribue ce grossier biscuit aux troupes
russes qui font la guerre. On le fait suivre
l'armée dans des sacs. Il nous est arrivé
d'assister à des distributions sur la neige.
Pourrait-on croire que parfois nos soldats
nous en jettaient quelques poignées, pour
jouir du féroce plaisir de voir s'arracher les

cheveux pour en attraper quelques morceaux?
Tel on voit chez nous les enfants auxquels
ou jette des bonbons ou de la menue monnaie.

Le matin de bonne heure, il fallait être
debout pour continuer notre pénible marche. Nous restions deux heures au moins les
pieds dans la neige, pendant que l'on comp-
tait et recomptait les prisonniers pour s'assurer si aucun n'avait déserté, comme s'il
y avait eu la moindre possibilité de le tenter.
Lorsqu'ils avaient fini de remplir ces très
inutiles formalités, on entendait le cri de
Pachau, qui signifie : *En marche*. Je te crois,
brigand, qu'il ne fait pas chaud, répondaient
tous les prisonniers. Cette plaisanterie arrachait encore quelques sourires.

Dans cette triste position, je me flattais
d'avoir recours à deux billets de 500 francs
chacun, espérant que je finirais par trouver
quelque banquier pour les négocier. Ils
étaient payables à vue sur le trésor. Je les
avais placés dans un gousset de la mauvaise
culotte qui me servait de caleçon, n'ayant
que cela. Ils étaient attachés avec des épin-

gles, mais alors nous étions fouillés si souvent, que dans la crainte que mes billets ne me fussent pris, j'allai à la colonne des soldats trouver mon cuirasier et lui dis : « Vous êtes bien moins fouillés que nous; voici deux billets dont la valeur est de mille francs, serre-les bien, et quand nous serons à notre destination, si je puis en faire de l'argent, tu en profiteras. » J'allais souvent m'assurer s'il les avait. Sa réponse fut long-temps satisfaisante; mais tout-à-coup il me dit qu'on les lui avait pris. Je ne me doutais nullement que ce pouvait être un mensonge et j'étais désespéré!... Perdre une ressource qui n'en était pas une en Russie, mais je trouvais du plaisir à le croire. Longtemps après nous étions dans une petite ville où nous restâmes vingt-quatre jours. La colonne des soldats se trouvait éloignée de nous de trois quarts d'heure de marche. Mes camarades qui n'avaient pas été dépouillés allèrent s'y promener. Ils rapportèrent qu'un soldat avait demandé si on connaissait le capitaine Pagan? — Certainement! — Dites-lui donc que j'ai retrouvé ses billets. En vérité, je

fus longtemps à comprendre ce que cela
voulait dire ; puis, après avoir bien réfléchi,
je me dis : sûrement ce sont les billets que
j'avais confiés à mon cuirassier, qui n'ayant
pu les vendre comme il en avait l'intention,
voulait me les rendre. Je me mis donc en route
pour aller le trouver , et sachant jusqu'à
quel point il était malheureux, je lui portai
un pain acheté de quelque monnaie prêtée
par mes camarades. Je trouvai mon pauvre
cuirassier dans une espèce de grange où le
jour pénétrait de toutes parts, couché à terre
avec beaucoup d'autres, par un froid des plus
horribles! Aucun ne pouvait calmer sa soif
autrement qu'avec de la neige, et pas une
miette de pain! puis, pour achever l'horreur
de la position de ces hommes, ceux qui
avaient conservé quelques vêtements passa-
bles les vendaient pour un morceau de pain,
et gelaient dans la nuit. La vue d'une misère
si cruelle m'ôta toute idée de lui faire des
reproches. Je l'abordai en lui disant gaie-
ment : On m'a dit que tu avais retrouvé
mes billets? Il s'empressa aussitôt de me les
remettre. Comme tous les officiers étaient

autorisés à prendre un soldat pour se faire
servir, je voulus le ramener avec moi, mais
il me fit connaître l'impossibilité de me
suivre, en me montrant ses jambes en pourriture, gelées presque jusqu'aux mollets!...
Il prit avec avidité le pain que je lui donnai,
mordit cette miche avec rage et la plaça
sous sa tête. Il mourait de soif, et me sup-
plia avec tant d'instances de lui procurer
une bouteille d'eau, que j'eus le courage
de faire un second voyage pour apporter
à ce malheureux ce qu'il desirait si ardem-
ment. Deux jours après il avait succombé
à ses cruelles souffrances. J'avais donc quitté
pour ne plus le revoir cet infortuné de qui
j'avais reçu tant de soins pendant ma maladie. Mais, en quittant mon cuirassier mourant, quelle ne fut pas ma surprise de me
voir saluer militairement par l'un des hommes de la colonne, en me disant : « Bonjour
mon capitaine? Je m'arrête étonné : Est-ce
que tu me connais? — Oui, mon capitaine,
je fus fait prisonnier en même temps que
vous. Je le reconnus, il se nommait Touroute, était caporal des compagnies du gé-

nie. Je le questionnai et ce fut lui qui m'apprit que les pauvres prisonniers vendaient leurs vêtements et mouraient ensuite de froid. Et toi, lui dis-je, comment te trouves-tu? — Bien mal, capitaine. — Tu as de l'argent? — Oui, en arrivant, j'avais encore six doubles vieux louis de France; mais vous savez qu'avec cette monnaie on ne peut avoir un petit pain d'un sou. Je le savais; je n'ignorais pas non plus que les officiers russes changeaient l'or de France, faisant perdre moitié; pour quarante francs ils en donnaient vingt, pour vingt ils en donnaient dix, monnaie du pays et jamais plus. Touroute avait déjà changé trois pièces de quarante-huit francs chacune. Mais ce qui valait dix sous, il fallait le payer trois francs ou s'en passer. Cet homme fut une précieuse trouvaille pour moi. Tu peux, lui dis-je, me sauver la vie, comme je puis sauver la tienne. Je t'emmènerai avec moi, à la condition que tu me procureras la nourriture qui se bornera à du pain et un peu d'eau-de-vie. Ma proposition l'enchanta. Nous partîmes; chaque jour, je pouvais manger du pain

et boire la goutte. Je mettais régulièrement
en note ce qu'il payait pour moi. Cet homme
fut mon sauveur, et, à mon tour, comme je
le lui avais promis, je devins le sien. Ce fut,
dans cet endroit, qu'un soldat russe vint me
proposer une culotte que j'achetai avec la
bourse de mon caporal, elle me semblait
neuve. Je mis à mon cou en guise de
cravate mon mauvais caleçon, lequel je rem-
plaçai par la culotte du soldat russe que
j'avais payé trente pétaques; mais elle m'é-
tait courte et étroite d'autant plus qu'elle
était doublée. Je n'étais donc guère à mon
aise. La nuit je sentis d'horribles démangeaisons. Le matin je visitai ma culotte,
mais je n'y trouvai rien. Plusieurs jours se
passèrent avec la même souffrance. Cependant à la fin j'eus l'idée de découdre la dou-
blure. En trouvai-je de ces insectes? Des
milliers, dans tous les coins et recoins. Quel
massacre je fis!... Les nuits suivantes, je pus
dormir plus tranquille.

On nous remit en route. Passant dans un
village, mourant de soif, j'aperçus une femme qui puisait de l'eau dans une cruche. Je

la priai de m'y laisser boire; elle me refusa avec brusquerie. Je n'avais qu'un seul pétaque, je le lui offris, elle me laissa boire.

Grand nombre de seigneurs russes se trouvaient présents à notre arrivée au gîte. Chacun d'eux demandait à notre conducteur dix ou douze officiers, plus ou moins, pour se rendre chez eux, y manger à leur table, puis ils revenaient après avoir subi toute espèce d'humiliations! Nous étions des brigands, disaient-ils. Ils ajoutaient des choses atroces sur l'Empereur. Enfin, ces messieurs nous traitèrent sans ménagements, comme si nous étions cause de la guerre dont nous étions les premières victimes. Ils eussent beaucoup mieux fait de s'abstenir d'une politesse gâtée ensuite par tant d'insultes grossières, dont nos camarades nous rendaient compte ensuite à leur retour. Cependant, je dirai que le commandant russe se montrait bon pour moi; il me comprenait toujours dans les invitations quoique je ne fusse nullement présentable, mais je ne pus me décider à me rendre à aucune. Malheureusement très peu de nos officiers étaient capables de donner

une opinion flatteuse de notre armée ; ceux
d'une instruction soignée étaient des jeunes
gens qui sortaient des écoles d'application,
qui faisaient leurs premières armes et aucun
n'avait pu résister à des souffrances constamment multipliées. Les seigneurs russes,
en général, parlent notre langue si purement,
qu'on pourrait les croire français ; ils accablaient nos pauvres camarades de questions,
ceux-ci répondaient maladroitement, et ils
étaient tournés en ridicule sans indulgence ;
d'autres, moins civilisés, les humiliaient grossièrement. Disons aussi que, pendant notre
longue et pénible marche, les jours moins
malheureux furent rares, mais que, cependant, nous en rencontrâmes. Nous atteignîmes
bientôt les états d'un prince riche et bon que
l'on disait être issu, du côté gauche, de l'im-
pératrice Catherine II. Il avait été prévenu
de notre passage dans ses domaines, et au moment même où nous y arrivâmes, tout était
préparé avec profusion pour nous y recevoir :
bonne soupe, viande de plusieurs sortes,
paille fraîche, de l'eau-de-vie et même de la
chandelle. J'avoue que j'éprouve un certain

plaisir à raconter les preuves d'humanité et de bienfaisance que nous recûmes de ce prince généreux. Sa bonté ne se borna pas à cela ; il demanda douze de nous pour manger à sa table ; et, pendant trois jours que nous restâmes dans ses états, nous fûmes traités de la même manière. Tout nous était apporté dans nos logements ; les officiers qui avaient été reçus au château en revenaient enchantés de la cordialité avec laquelle ils avaient été accueillis même par les dames qui s'y trouvaient. Ils remarquèrent que pas un seul mot russe ne fut prononcé. Quel contraste entre cette réception et les précédentes ! Il me faut encore ajouter que les dames du château vêtirent nos malheureuses femmes qui reçurent aussi quelque argent. Quelques jours après nous arrivâmes au gîte ; au milieu de la nuit, après une marche forcée comme il arrivait souvent, une pauvre allemande, la femme d'un maréchal-des-logis chef du train d'artillerie, nommé Picoré, accoucha de deux enfants qui moururent immédiatement, par un froid qui faisait verser des larmes... Dès la pointe du

jour, il fallut se remettre en route. Qu'on
juge du courage de cette jeune et jolie personne, en pensant surtout que par la rigueur
du temps elle ne pouvait bouger de son
traîneau! Quand nous fûmes arrivés à notre
destination définitive, elle avait un côté rac-
courci de deux pouces et ne pouvait plus
marcher, ni se lever. Heureusement pour
elle, un officier de santé russe, ayant été in-
formé de son état, vint la voir et voulut probablement faire un essai sur elle. Il la conduisit dans son village où il avait je ne sais
quelles eaux propices, la traita environ deux
mois, et nous la ramena complètement gué-
rie. Ce docteur avait aussi emmené son mari.

On ne saurait se faire une idée de la construction des habitations des mousicks; elles
n'ont jamais qu'un rez-de-chaussée dont le
toit est en chaume, et l'ouverture basse et
peu large; pour y pénétrer, il faut se baisser
plus ou moins; tout respire dans l'intérieur,
composé ordinairement d'une seule pièce, la
plus profonde misère. Jamais de carrelage ou
de planches sous les pieds; la terre est nue,
les murs sont faits avec des pièces de bois de

sapin grossièrement ajustées sur les extrémités par des crans ; les ouvertures qui se trouvent entre ces pièces, se bouchent tant bien
que mal avec de la filasse mélangée de terre.
Dans toutes ces chambres il y a un four élevé,
et c'est sur ce rustique monument que couchent en hiver tout habillés, le père, la mère
et les enfants étendus sur des chiffons ou des
peaux de moutons. La vache est dans le milieu de la chambre avec son veau, si elle en a
un : au dessous du four, se trouve pratiqué
un refuge pour la volaille. Des bancs règnent
autour. Jamais de chaises ; une longue et grossière table est placée à l'une des extrémités,
près du banc qui contourne la chambre. Il
n'y a d'autre ouverture qu'une lucarne de
sept pouces de large sur quinze pouces
de long. Chaque matin, sur les huit heures,
le four s'allume ; on fait une pile de bois
bien sec, de la grosseur des cotterets, d'égale
longueur, puis on y met le feu, et, ce qu'on
aura peine à croire, c'est que jusqu'à ce que
ce bois soit entièrement réduit en charbon,
la fumée n'a d'autre issue pour s'échapper
que la lucarne dont j'ai parlé. Pendant deux

heures, il règne là une atmosphère in-
supportable jusqu'à mi-hauteur de l'appar-
tement; si vous vous tenez droit, la partie
haute du corps se trouve enveloppée d'un
nuage d'une épaisse fumée; si vous vous
couchez, vous êtes comme sur un glacier.
Le four ainsi allumé, n'ayant aucune ouverture par le haut, se ferme par devant, la
chaleur se concentre, et, malgré la violence
du froid, le lendemain matin il arrive que
ce four est encore tiède; mais ce mode de
chauffage présente un inconvénient fort
grave. La fumée, comme on le comprendra,
frappe naturellement tout l'intérieur de la
cahute de son humidité qui se trouve gelée
promptement; et voilà une couche de glace
qui s'alimente chaque jour pendant sept
ou huit mois de l'année et cette demeure
se trouve ainsi tapissée d'une glace assez
épaisse. Mais ce n'est encore rien : lorsque le beau temps est venu, la chaleur
fait dissoudre toute cette glace du pla-
fond; elle découle noire et puante, goutte à
goutte, sur le manger et les vêtements, sans
que les habitants de la maison cherchent à

éviter ce sale inconvénient. A ce moment de
la belle saison, personne excepté les femmes
ne passe la nuit dans la maison, mais dehors,
çà et là, sur la terre. Chez les seigneurs d'une
mince fortune, qui n'ont que depuis quinze,
vingt, quarante, et, jusqu'à cent cinquante
paysans pour tout bien, les habitations
sont également construites de même que celles des mousicks, mais beaucoup mieux soignées : il y a un premier, même quelquefois
un second : les chambres sont parquetées,
c'est-à-dire ont des planches jointes les unes
contre les autres, et l'intérieur au moins
ressemble à quelque chose, quoique sans
meubles pour ainsi dire. Les feux s'allument
tous les matins comme chez les paysans;
mais ce sont des poëles au lieu de fours :
un passage est pratiqué pour la fumée, et,
quand le bois est réduit en charbon, on
bouche hermétiquement le dessus, puis la
porte du bas et, comme les fours, on les
retrouve bien chauds le lendemain matin.

Les seigneurs russes prennent exactement
le thé deux fois par jour. Le matin, à neuf heures, et le soir, à quatre. Une femme a la mission

de le leur servir; il est sucré d'avance, mais on doit le prendre tel qu'il est servi. On dîne à une heure; avant de se mettre à table, un domestique vous apporte un petit cabaret sur lequel sont placés trois petits verres et trois flacons de liqueurs qu'il vous présente, et vous prenez celle que vous préférez : puis, une cloche annonce que le dîner est servi. Rien de recherché sur la table ; l'ordinaire se compose le plus souvent de tranches de jambon, d'omelettes, de champignons, etc. Jamais on ne met de pain dans la soupe; la viande est coupée par morceaux, puis jetée dans le bouillon, et c'est ainsi qu'on la sert; alors, un domestique fait le tour de la table avec un énorme plat de crème et chacun en met dans sa soupe. Je trouvais ce mélange assez bon....

Les Russes se visitent souvent entre eux, sans qu'il y ait nul embarras pour le coucher. Peu de temps après le dîner, chacun s'arrange de son mieux pour dormir deux heures. Je crois avoir remarqué qu'il est d'usage de ne pas respecter les lits, même ceux du maître et de la maîtresse ; et si on négligeait la précaution de fermer à clef, on trouverait sur le lit au moins trois dormeurs étrangers, ayant conservé leurs bottes parfois remplies de boue. On soupe le soir à huit heures, et, à dix, on se couche : les étrangers prennent une place dans la salle à manger et couchent par terre, bien entendu avec leurs vêtements : quelques-uns ont la faveur d'un oreiller d'un pied carré, pour poser leur tête.

Reprenons notre marche, continuons à être martyrisés, à entendre des cris lamentables, par un froid de trente-deux degrés. Tâchons de supporter encore l'affreux carnage que l'on ne cessait d'exercer sur nos malheureux camarades, chaque fois qu'ils ne pouvaient plus nous suivre. A ce moment, hélas ! nos deux colonnes qui, en partant, se composaient de 3,400 officiers, sous-officiers et soldats, étaient déjà réduites à environ 500, auxquels il ne restait qu'un souffle de vie.

Quand de loin nous apercevions une mâsure, on courait en avant, on se réjouissait dans l'espérance de pouvoir se réchauffer un moment; mais les portes étaient

fermées : on se hasardait à frapper : un mousïck venait ouvrir, vous lançait un crachat
au visage, et vous fermait brusquement la
porte au nez.

Un jour, nous nous trouvions chez une
pauvre femme dont le mari était à l'armée ;
chacun de nous se récriait sur sa faim. Nous
tourmentâmes cette femme, et, à force de supplications, nous la vîmes se mettre en mesure
d'avoir pitié de nous ; mais elle nous servit
pour vingt affamés ce qui n'aurait pu en
rassasier quatre. Quand nous eûmes dévoré
le tout, de nouvelles supplications s'élevè-
rent pour obtenir un supplément ; elle se
laissa bien prier, puis, saisissant spontanément une espèce de plat en bois, elle s'en
alla. Notre joie dura peu : elle revint, posa
sur la table ce plat, mais rempli de fiente de
cheval, en nous disant : « Mangez, sabaquis
Frantzoses (chiens de Français) ! »

Une autre fois, comme le froid m'arrachait
des larmes, à peine entré dans notre gîte,
je courus sur le four pour me réchauffer. Le
mousïck me menaça ; je voulus pérsister à
rester, mais le voyant arriver sur moi avec

un énorme bâton, je me gardai bien de l'attendre.

Dans ce pays sauvage et ignorant, avec de l'or et de l'argent de France, on pouvait mourir de faim ; car, pour une pièce de quarante francs, pas plus que pour une de cinq, vous n'eussiez obtenu un petit pain d'un pétaque : ainsi, comme je l'ai fait observer, celui qui avait été assez heureux pour sauver cent fr., ne pouvait en retirer, en monnaie russe, qu'une valeur de cinquante ; ce qui, au reste, valait encore mieux que de mourir de faim.

Un souvenir allait m'échapper : cependant, je le trouve digne de prendre place dans cet écrit.

Parmi les prisonniers qu'on venait de faire, et qui furent réunis à notre colonne, se trouvait un nommé Bernadotte, sergent-major du 54ᵉ léger, parent éloigné du roi de Suède, et né à Pau comme lui. Ce brave jeune homme s'apercevant qu'un Cosaque arrivait sur lui pour le dépouiller, avala d'un seul trait treize Napoléons de vingt francs qu'il avait dans son gousset, sous les yeux du soldat qui se mettait en mesure de l'assassiner. Son lieutenant, M. Vieillot de Rouen, courut alors appeler un officier russe qui arriva assez à temps pour sauver d'un péril imminent l'un de nos bons camarades. Au bout de quelques jours, trois pièces se montrèrent; et ce ne fut que, deux mois après, que les dix autres arrivèrent de compagnie. Je dois m'en souvenir, car il m'en prêta cinq.

Ce pauvre jeune basque fut du nombre des treize qui rentrèrent en France, après avoir échappé à tant de terribles traitements.

Parlons encore d'un autre événement que j'allais oublier de même, et qui peut suffire pour convaincre que, loin d'exagérer notre position en Russie, elle devrait être reproduite avec des couleurs bien autrement sombres; mais il faudrait une plume mieux exercée que la mienne, pour les lui donner...

Nous disions tous : Ceux de nous qui auront le bonheur de revoir la France, s'ils peuvent se rappeler et raconter tant de traits de barbarie qui furent exercés sur nous, ne trouveront personne qui veuille ajouter foi à leurs récits.

J'ai parlé d'un lieu où nous fûmes retenus vingt ou vingt-quatre jours. C'est dans cette petite ville ou bourg, nommé Masalque, que se passa le triste événement dont je vais rendre compte.

On avait joint à notre colonne trente gendarmes qui furent faits prisonniers je ne sais plus où, hommes remarquables pour la taille comme pour le visage, et qui, comme nous, avaient été détroussés à la cosaque. Ces pauvres diables, parcourant les champs et les environs, dans l'espoir de faire ressources, trouvèrent en rase campagne quelques bêtes à cornes, mortes de maladie bien certainement, comme cela fut démontré par les résultats ; ils se procurèrent des haches, et les dépécèrent. L'extrême gelée donnait bonne mine aux quartiers ; ils s'en gorgèrent. Quelques jours après, ils étaient tous morts, ainsi que les autres prisonniers qui avaient voulu s'en régaler. On comprendra jusqu'à quel point il fallait être malheureux pour hasarder ce dégoûtant festin : quant à moi, je refusai l'invitation.

Enfin, après une marche aussi longue que

pénible, après avoir supporté d'incroyables tortures, nous arrivâmes à Labéden, petite ville du gouvernement de Tamboff, sur la route d'Astracan, sur le Don. Nous ne nous doutions guère que ce pays fut notre destination : nous étions menacés d'aller jusqu'à Casan, à 2,000 vertzes ou 500 lieues plus loin. Le lendemain, nous nous préparions à continuer de marcher sur la Sibérie, mais nous fûmes heureux d'apprendre que nous n'irions pas plus loin. De 3,400, nous restions réduits à environ 150, dont 20 femmes. A partir de ce moment seulement, nous reçûmes notre paie régulièrement tous les dix jours : alors, nous pouvions vivre tant bien que mal, mais nous avions à souffrir beaucoup de la brutalité des mousïcks, de leurs femmes et même de leurs enfants : Il est vrai que si j'en excepte quelques-uns ayant conservé leur uniforme, nous étions, en général, vêtus plus mal que les plus sales mendiants. Ce repoussant costume n'était guère fait pour captiver la moindre considération d'un peuple aussi sauvage que féroce !.. Quand nous rencontrions les hommes, ils nous accablaient de propos indécents : Nous étions des *chevignats* (cochons), puis des *sabaquis* (chiens), et ils nous crachaient presque dessus en signe de mépris. Les femmes nous considéraient comme des pestiférés, et, d'aussi loin qu'elle nous apercevaient, s'enveloppaient la figure de leurs mouchoirs, pour ne les ôter qu'après s'être éloignées de nous. Ce genre d'avanie nous poursuivit plus de trois mois. Cependant, peu à peu le caractère de tout ce monde sembla s'adoucir et finit par sympathiser avec le nôtre ; nous en trouvâmes un bon nombre qui méritèrent nos éloges.

La curiosité nous procura souvent la visite d'une foule de seigneurs des environs ; nous les trouvâmes bientôt plus aimables et mieux civilisés qu'ailleurs ; ils se montraient compâtissants, plaignaient notre sort ; beaucoup de nos camarades étaient déjà reçus chez eux, qu'à peine j'en connaissais deux ou trois. Je redoutais de me familiariser avec ces Messieurs, dans la crainte d'être humiliés comme naguère le furent nos camarades ; et, certes, il s'en trouva bien dans le nombre de brusques et de grossiers. Je reviendrai sur ces Messieurs.

Il y avait quinze jours à peine que nous étions en permanence, qu'un grand événement survint et nous consterna tous. Ceux qui avaient échappé au sort de tant de victimes de la férocité des mousicks et des soldats, semblaient reprendre des forces et se croyaient sauvés, lorsque tout-à-coup se manifesta une sérieuse épidémie... Un jour, nous étions six chez une espèce de marchand ; nous avions décidé une réunion avec beaucoup d'autres, pour boire à la santé de Napoléon. Au moment de réaliser notre projet, le capitaine Martin, du 93ᵉ régiment, se plaignit d'un malaise, de maux de tête, et refusa la partie : on le conduisit à une ambulance ébauchée, ouverte de toutes parts, sans paille, sans bois, sans remèdes. Nous avions un jeune chirurgien, nommé Cluet, que j'ai revu à Paris, qui se dévoua... mais que faire avec rien ? Trois jours après, ce pauvre capitaine était mort. Il logeait avec moi, de même qu'un jeune homme nommé Morin, qui sortait de l'école de

Saint-Cyr : celui-ci qui, chaque matin, m'entretenait de sa bonne santé, fut enlevé de la même manière, et d'autres successivement; en sorte que de six, je restai seul. Pour abréger, tous ces pauvres malades mouraient comme des mouches, et leur grand tourment était d'aller périr dans ce lieu si déplorable. Mais il n'y avait pas à reculer; car celui qui menaçait d'être atteint de l'épidémie, au moindre signe du mousick devait y être transporté, et s'il refusait, il était jeté dehors, puis ne se relevait plus.

Un maréchal-des-logis du train d'artillerie, nommé Boudin, s'était dévoué au service des malheureux mourants ; il leur procurait de la paille, faisait leurs commissions, etc. Il est vrai qu'il y trouvait de l'avantage, recueillait quelque monnaie. Je sais, par exemple, que le capitaine Martin avait assez d'or.....

Mais abrégeons, et disons simplement que nous ne fûmes que dix-sept, y compris quatre femmes, qui échappèrent à l'épidémie. La plupart mouraient de la gelée, et les membres qui en étaient atteints tombaient en pourriture.

Pour ma part, je n'eus de gelés que le bout du nez, le bout des oreilles, et les doigts de pieds dont tous les ongles tombèrent. Ce qui n'avait rien d'étonnant, car mes bottes étaient ouvertes aux extrémités.

Il n'y a que les hommes de bronze qui purent résister à cette campagne, a dit l'Empereur!.. Ainsi, nous sommes restés treize fabriqués de ce métal.

J'attendais avec un calme parfait le sort qu'avaient subi un si grand nombre de mes compagnons d'infortune, car lorsqu'on est complétement malheureux, et depuis si long-temps éloigné de 600 lieues de son pays, sans pourtant desirer la mort, on ne la redoute nullement. Tout-à-coup, je sens ma vue s'affaiblir, puis, cette faiblesse faisant de rapides progrès, je finis par ne plus rien voir sans avoir éprouvé la moindre douleur... Ce fut alors que le chagrin s'empara de moi : l'idée de demeurer aveugle me portait au plus violent désespoir!.. J'ai dit que j'étais resté seul, mes cinq camarades étant morts. Ceux chez qui se faisait notre mince ordinaire, m'envoyaient à manger ; c'était le seul moment

où je pouvais échanger quelques paroles,
après quoi je me retrouvais avec mes détestables sauvages... Je citerai encore d'eux un
gracieux épisode.

Un jour que mes camarades m'avaient
envoyé deux œufs pour mon repas, ils
avaient oublié d'y joindre du sel. Mon hôte
en vendait, je lui en demandai : « — Bavage
guingni. » Si tu veux du sel, donne-moi de
l'argent, me dit-il du ton brutal d'un geo-
lier ?

Dans quel pays, demanderait-on le paie-
ment de deux pincées de sel ! il ne valait
pas même cinq centimes la livre en Russie.

Revenons à ma terrible infirmité qui me
fit prendre en pitié.

Un seigneur, nommé de Boboriki, que
j'avais vu quelquefois, me témoignait toujours beaucoup d'intérêt. Il vint un jour
me demander à mes camarades, et s'informa
de mes nouvelles. On le conduisit près de
moi. Il était bon. Sa femme, jeune, aimable
et fort jolie, parlait le français aussi purement qu'une Française bien élevée, dont
elle avait absolument toutes les manières

gracieuses. Ce seigneur parlait également
très bien notre langue. On sait, du reste,
que les nobles Russes, dont la fortune le
permet, reçoivent de Paris le *Journal des
Modes*, pour leurs épouses qui ne man-
quent certainement pas de coquetterie, ce
défaut si charmant selon moi. Ces dames
vont parfois jusqu'à faire trois toilettes par
jour.

L'un et l'autre, touchés de ma triste position, me pressaient instamment de me rendre à leur village pour y recevoir les soins que
ma santé réclamait. Ils me dirent que les
médecins étaient très rares dans leur pays,
et que, pour cette raison, ils étaient obligés
dans leurs intérêts d'être pourvus de remèdes ; ne fut-ce que pour soigner leurs mousicks qui constituent leur fortune. Elle est
évaluée selon le nombre. Ainsi, tel seigneur
n'a que 20, 30, 40 mousicks, tel autre en
possède 1,000, 10,000 ou 20,000. Mais ces
derniers sont rares.

Mes craintes primitives d'être humilié,
n'étant plus aussi fortes, je crus ne pas devoir refuser des secours qui m'étaient of-

ferts avec tant de sollicitations ; et, le lendemain, un traîneau fut amené pour me conduire à ma nouvelle destination.

En arrivant, mon traitement fut commencé; il était simple : Cette dame me donna trois
mouchoirs d'une toile de Hollande très fine,
des compresses, puis une eau blanche préparée. Sans l'affirmer, je crois que c'était de
l'extrait de Saturne, dont je mouillais fréquemment mes yeux. Quelle ne fut pas ma
joie en m'apercevant que ma vue revenait
peu à peu ! Mais, cependant, elle resta encore longtemps d'une grande faiblesse.
Après un mois, on me fit cesser ce traitement. Je voulus alors rendre les mouchoirs ;
on me pria de les garder. Le père de mon
hôtesse me fit présent d'une redingotte d'assez beau drap et d'un pantalon passable.
Combien je fus fier de pouvoir, enfin, jeter
mes guenilles sur le fumier. J'ai cherché à
connaître d'où provenait l'accident qui m'a-
vait réduit dans un moment au plus violent
désespoir par la crainte de ne plus recouvrer
la vue : j'ai pensé, d'abord, que les véritables causes étaient le manque de nourriture

et de vêtements, l'action d'un froid si rigoureux, puis, peut-être aussi l'éblouissement oc-
casionné par un soleil sans nuages et par la
vue de la neige, dont la superficie cristallisée
ne pouvait que nuire beaucoup aux yeux,
cet organe si délicat. Mais, quelqu'en ait été
le motif, je dus m'estimer bien heureux d'en
avoir été quitte pour la peur.

Cette guerre, on ne peut le mettre en doute,
ne fut pas improvisée ; et, malgré le secret du
gouvernement, on sait que l'Empereur l'a
méditée longtemps à l'avance ; on est également convaincu que S. M., dans sa prévoyance, était parfaitement renseignée sur
les ressources que pouvait offrir à son
armée ce vaste empire qui, comme nous
l'avons remarqué , abonde en grains et
en fourrage, en bêtes à cornes et en chevaux. Mais quel homme donc aurait pu deviner que les Russes, dans leur desir fréné-
tique de perdre leurs vainqueurs, auraient
consommé des sacrifices immenses, puis par-
viendraient à nous faire mourir de faim et
de froid? — Qui ignore que les seigneurs
n'abandonnaient leurs habitations et leurs

récoltes qu'après les avoir réduites en cen-
dre ?... Ils soutenaient nos attaques, mais
seulement pour donner le temps que tout
fut brûlé... Chaque jour, il fallait se battre
à outrance, souvent jusqu'à une heure
avancée dans la nuit, attacher les chevaux
à des arbres, dont les feuilles seules les
nourrissaient ; les cavaliers couchés aux
pieds, sans pain, et sans autre boisson
qu'une eau bourbeuse, et, de plus, fort
rare.

Une fois que l'armée marchait à droite
et à gauche de la route par une pluie bat-
tante, l'Empereur suivait au milieu. Quelques soldats se mirent à crier : kléba, kléba
(du pain)! puis bientôt, d'un bout à l'autre
de la colonne, les oreilles se remplissaient
de cette exclamation prolongée. Sans aucun
doute, S. M. souffrait de ce cri de détresse.
Il se retourna avec tant soit peu de vivacité
et dit : « Kléba nima, » *du pain, il n'y en a
pas !*.. Et, chose bien étonnante dans cette
triste position, tous partirent spontanément
d'un rire immodéré.

En vérité, on ne saurait s'abstenir de ré-

péter souvent le regret qu'on éprouve en
pensant à ce complet désastre de notre armée en Russie ; on ne pense qu'avec douleur que Napoléon, dont la bonne étoile
brillait avec tant d'éclat depuis nombre
d'années, qui avait l'exemple de Charles XII,
ait pris la ferme résolution de courir à sa
perte à pas de géant, en allant sans s'arrêter, pour ainsi dire, à 7 ou 800 lieues de
la patrie, tenter une victoire que lui seul
espérait. Combien il fut mal inspiré en re-
fusant les conseils qu'on lui donnait de can-
tonner sa formidable armée déjà très fatiguée, en Pologne, dont les peuples nous
étaient si franchement dévoués! On se serait
remis en campagne l'année suivante, et on
aurait recommencé la poursuite des Russes,
en calculant les immenses avantages qu'ils
avaient sur nous ; car non seulement ils
n'avaient à redouter aucune espèce de pénurie, mais l'abondance leur était assurée :
pour nous, loin qu'il nous restât quelque
chose, une faim continuelle nous accablait,
ainsi que des fatigues surhumaines!.. Pré-
sage d'une terrible destruction qui ne tarda

pas à se réaliser. Les Russes furent grandement dédommagés des sacrifices auxquels ils s'étaient voués, comme je vais le dire approximativement.

Je ne pense pas que l'armée, y compris les alliés, fut moindre de 450,000 hommes, et je crois pouvoir évaluer sa perte à 400,000, plus 3,000 pièces d'artillerie, tous les attelages, 150,000 chevaux, généralement toutes les armes, bon nombre de petits barils remplis d'or, pour mieux dire le trésor de l'armée; puis, mettons en ligne de compte, l'argent et les bijoux que chaque individu pouvait avoir. Il rentra si peu de tout cela en France, qu'il me semble inutile de chercher à l'évaluer; c'est ainsi qu'entre nous, nous faisions ce triste calcul, savoir, que la Russie a recouvré deux cents fois plus qu'elle n'a perdu; car, qu'est-ce que des chaumières de mousicks, d'une construction grossière, sans la moindre parcelle de fer, en pièces de bois brut ajustées à coups de haches, et dont les fentes se bouchent avec un peu de paille hachée mêlée de terre, qui se dégradent

sans que le paysan prenne le souci de rien
réparer ; d'où il résulte cette tapisserie de
glace dont j'ai parlé? Les habitations des
seigneurs n'ont guère plus de valeur ; seulement, elles sont bien plus élevées et mieux
soignées dans la construction ; et si les
mousicks n'ont pas pour deux francs de meubles ou vaisselle en bois , la noblesse, en
grande partie, si j'en excepte la classe la
plus élevée, n'en possède guère que pour
deux cents francs.

J'avais fait la connaissance, je ne saurais
trop dire comment, d'une dame d'origine
russe ; elle avait été l'épouse d'un Allemand,
nommé Scheleipenbach , major au service
de Russie, et que la guerre avait moissonné.
Cette dame qu'on aurait pu prendre pour
une Française à son langage, à ses manières
distinguées, à sa tenue parfaite, de même
qu'à ses heureuses dispositions à la bienfaisance; ses qualités physiques et morales
en faisaient une femme accomplie ; mais sa
position de fortune ne pouvait lui permettre de donner essor à la générosité de son
caractère : cependant, elle me recevait avec

une bonté dont j'étais touché. Souvent elle m'invitait à prendre le café avec elle, et il ne fallait rien moins que son humanité, pour admettre en tête à tête un cavalier couvert des haillons les plus hideux......

Un jour, elle m'annonça que sous peu sa maison serait remplie d'une famille nombreuse, composée de M. le comte Tolstoye, son épouse, cinq demoiselles, trois fils et une sœur du comte. Je ne comprenais guère comment l'habitation pourrait contenir tant de personnes. Cependant, chacun y trouva place. Je fus présenté à ce seigneur par Mme Scheleipenbach. Je fus accueilli très amicalement par tous, et chaque jour, mon couvert était mis à la droite du chef de famille, homme excellent, d'une très grande gaîté, trouvant du plaisir à m'adresser fréquemment la parole et à m'accabler de questions.

Labéden, lieu de notre captivité, n'est remarquable que par deux foires qui y font abonder des étrangers de tous pays. Les marchands y affluent, bien pourvus de tout ce qu'il est possible de désirer. J'y ai vu

des crayons de Comté, du vinaigre de Paris,
objets rares en Russie; de l'huile d'olive qui se
vendait à peu près quatre francs la livre. J'ai
moi-même payé quatre francs cinquante centimes, une petite bouteille de vinaigre. Ces
foires amènent aussi tous.les seigneurs des
environs qui s'y rendent, autant par partie
de plaisir que pour se dédommager d'avoir
passé tristement huit ou dix mois dans leur
village, et pour y faire leurs provisions de
toute l'année.

Nous nous amusions de les voir arriver,
n'ayant presque tous jamais moins de six
chevaux à leurs voitures dont ils aiment à
vanter l'élégance, l'aisance et la commodité.
Chacun d'eux se fait suivre de petites char-
rettes à un seul cheval, portant la batterie
de cuisine, tous les ustensiles, la subsistance
des hommes et des chevaux, etc. Tout cela
est accompagné de nombreux domestiques
composés des serfs du seigneur. Mais tout ce
train n'est pas coûteux ; car il faut à un valet-
de-chambre des qualités inappréciables pour
gagner douze roubles ou douze francs par
an. J'ai questionné les moindres, et, chose

incroyable, leur gage n'était que de deux roubles ou deux francs. Ils se nourrissent eux-mêmes d'un peu de farine et de sarrasin que fournit le maître.

La première fois que nous aperçûmes ce luxe de chevaux et de voitures, nous pensions que c'étaient autant de seigneurs d'une grande fortune ; nous nous informions, et nous apprenions avec surprise qu'en général ces Messieurs n'avaient qu'une aisance très ordinaire, de vingt, trente, quarante, cinquante, et au plus cent paysans, dont on pourra calculer le revenu, lorsqu'on saura qu'un village de vingt-deux paysans avait été vendu onze mille roubles ou onze mille francs. Mais disons que la nourriture d'un cheval coûte au plus vingt à vingt-cinq centimes, que la table du seigneur se trouve alimentée par les mousicks qui fournissent la viande, le beurre, le lait, la crème, l'argent, etc. Un ouvrier qui travaille, soit dans le village, soit au loin, a besoin de la permission du seigneur, auquel il doit compte d'une partie de sa journée. C'est assez dire que le peuple russe est plongé dans un esclavage des plus complets, si nous ajoutons surtout que les individus des deux sexes se vendent comme les bestiaux dans nos foires, et se jouent aux cartes comme nous jouons des louis. Celui qui vient en Russie peut acheter, pour cinq cents francs, de jeunes et fort jolies paysannes, que bien des hommes galants trouveraient bon marché; mais on ne peut les emmener du pays, sans une autorisation qui s'obtient difficilement; et alors il faut les revendre. On peut aussi en louer tant qu'on le veut au mois.

Disons franchement, puisque c'est la vérité, que nous eussions aimé être assez à notre aise pour nous permettre une de ces acquisitions, dans l'espérance qu'elle aurait pu adoucir les rigueurs de notre captivité.

M. le comte de Tolstoye me tint un jour ce langage : « Monsieur le capitaine, je viens de faire une bonne affaire : j'ai acheté le père, la mère, et leurs quatre enfants (je les vis tous). L'aîné des enfants a dix-neuf ans et sort de l'école de peinture de Moscow, où je vais le renvoyer pour un an ou deux. Il deviendra fort, et je tirerai de lui seul

mes quinze cents roubles. » Il ajouta que
les autres lui resteraient pour rien. J'ai
dit qu'une jeune et jolie paysanne coû-
terait cinq cents roubles ; mais dans le
cas où elle aurait quelque talent de coutu-
re, de broderie ou autres, et serait capable
de faire une bonne femme-de-chambre ; une
autre, privée de ces avantages, s'acquerrait
pour deux ou trois cents roubles.

Je reviens au comte de Tolstoye : Lorsque
la foire, pour laquelle lui et sa famille
étaient venus à Labéden, toucha à sa fin,
et qu'il se disposait à reprendre la route de
son village, il me fit les plus aimables instances pour que j'allasse le rejoindre. Je me
fis beaucoup prier, en raison du regret que
j'éprouvais de m'éloigner de mes camarades.
Il ajoutait de la manière la plus engageante :
« Si vous vous ennuyez chez moi, j'ai des
chevaux, des voitures, je vous ferai recon-
duire. »

Il eut été mal à moi de persister dans un
refus, et je promis. Mme Scheleipenbach,
me pressa beaucoup de hasarder cette course
de trente-sept verstes qui font neuf lieues de

France. Le jour que j'avais arrêté pour mon départ, j'allai prier cette dame de me trouver un mousick pour me conduire et convenir du prix. Il fut fixé à deux roubles, et je me mis bientôt en route. Le temps me parut long ; mais j'arrivai enfin. Tout le monde se trouvait hors de la maison. L'ennui me prit ; j'avais regret d'être venu. J'étais mal à mon aise. Je fis comprendre au mousick de faire manger son cheval, et d'attendre mes ordres. Cependant, tout le monde arriva en même temps, et chacun me fit un accueil si bienveillant, que ma mélancolie disparut soudainement, de même que l'envie de repartir. Le comte, étant allé dans ses écuries, se plaignit au mousick de ce qu'il n'était pas encore reparti ; mais il s'excusa de ma recommandation. Comment ! me dit le comte, votre paysan est encore là ? Je lui expliquai que j'en étais la cause.

J'eus pendant quelque temps de la peine à vivre loin de mes compagnons d'infortune. Le piteux dénûment dans lequel je me trouvais, blessait singulièrement mon amour-propre. J'avais à peine le courage de té-

moigner ma reconnaissance de l'intérêt
que chacun me montrait ; souvent l'envie
me prenait de prier le comte de me faire re-
conduire à Labéden ; mais la crainte d'être
accusé d'ingratitude me retenait toujours.
Cependant, les bontés de toutes les estima-
bles personnes de cette maison, loin de se
ralentir, augmentaient chaque jour. Je reçus
de l'une des dames un assignat de cinq roubles ; d'une autre, deux chemisettes ; de l'aîné
des fils, un gilet neuf ; du comte, une capote
bien chaude et des bottes. J'avais aussi la
distraction du jeu de billard, cela acheva
de dissiper ma mélancolie. Les seigneurs
russes, qui n'ont pas une fortune extrêmement élevée, ne sortent guère de leur village ;
et, pour se donner quelque agrément, il est
rare de ne pas y rencontrer des billards,
jeux de dames, trictrac, échecs et autres.
Puis, ils ont un nombreux domestique ;
quelques-uns sont exercés à la musique, et,
comme les nobles se visitent souvent, on a
bientôt improvisé un bal qui, comme partout, fait les délices des jeunes personnes.
Celles de Russie, peuvent, de plus, jouer au

billard pour lequel elles ont une grande prédilection. Elles y jouent fort bien. Aussi, chaque jour, le comte Tolstoye venait me dire que l'une de ses demoiselles m'attendait pour pousser des billes.

Les premiers jours de notre arrivée à Labéden, quelqu'un me traduisit un article du *Journal Russe,* portant que le baron Rall, banquier à *St*-Pétersbourg, se chargeait de faire venir le montant des lettres de change qui seraient tirées sur France. J'avais connu à Lyon un M. Féronce-Craïene, et je savais qu'il était alors à Vienne en Autriche, associé à la maison de banque Frietz. Je m'empressai de faire un paquet contenant lettres et billets pour Saint-Pétersbourg, Vienne et France, dans le but de recevoir six cents francs.

Mon paquet était lourd. Pour aller d'abord à Saint-Pétersbourg, dont la distance était à douze cents verstes ou trois cents lieues, je m'attendais à payer beaucoup de port. Je fus surpris de ne donner que quinze pétaques ou quinze sous, valeur d'un jour et demi de ma solde. Je ferai observer que l'on paie d'avance chaque lettre qu'on met à la poste.

On se figurera sans peine l'impatience avec laquelle j'attendais mes six cents francs; mais je restai un an sans en avoir aucune nouvelle; et, me rappelant la manière dont les officiers russes chargés de nous conduire en avaient agi pour notre solde, je crus que c'en était fait de mon argent. Mais, au moment où je cherchais à me consoler de ce pénible sacrifiée, le capitaine Schepotoff, sous les ordres duquel étaient les prisonniers, manda à M. le comte Tolstoye de m'envoyer près de lui, pour retirer des fonds arrivés, pour moi, de Saint-Pétersbourg. Ma joie fut d'autant plus grande, que je ne comptais plus sur cet argent. Je montrerai encore combien, dans cette circonstance, fut grande pour moi l'humanité de mon honorable hôte. Je vais, me dit-il, donner l'ordre à mon cocher de préparer un traîneau attelé de trois chevaux. Demain matin, il sera à vos ordres pour vous conduire et vous ramener. Le soir il vint me trouver pour me dire qu'il avait oublié un laquais, et qu'il entendait que j'en

eusse un. J'eus beau le prier de n'en rien
faire, il me fallut accepter. Le lendemain
matin, il m'affubla de toutes ses fourrures :
gilet, veste, vaste pelisse avec laquelle je
pouvais m'entourer triplement, bonnet qui
m'enveloppait la tête et la figure, bottes bien
fourrées, enfin l'accoutrement complet. Les
dames de la maison et quelques autres étrangères formaient un cercle dans le salon ; et,
me conformant à l'usage du pays, je vins
baiser la main et la figure de chacune d'elles,
puis je pris congé.

Le froid était des plus violents. Quoique
vêtu du costume de *Gospadar*, j'arrivai gre-
lottant. Quelle ne fut pas la surprise de
mes camarades, de me voir habillé à l'instar
des grands seigneurs du pays ! Plusieurs
eurent pour première idée que j'avais épousé
l'une des demoiselles du comte, et que j'a-
vais renoncé à la patrie pour devenir Russe.
Les plaisanteries et les rires ne manquèrent
pas, et j'y prenais une vive part dans la conviction où j'étais de mettre la main sur mon
argent si desiré. Mais je fus malheureusement trompé. Je me hâtai d'aller trouver

l'honnête et bon M. Schepotoff, notre officier, qui m'accueillit très gracieusement,
puis me dit : « M. le capitaine, le gouverneur Tambow me mande qu'il est prévenu
par M. le banquier Rall, de St-Pétersbourg,
qu'il a reçu pour vous de l'argent de
France, dont il ne peut se dessaisir que
sur votre reçu. Le voici tel que cette maison l'envoie ; vous allez le signer, j'ai ordre de le retourner au gouverneur qui l'a-
dressera au baron Rall, lequel vous enverra
votre argent. » J'étais au comble du dé-
sappointement. Je refusai obstinément de
signer le reçu ; nous nous fâchâmes l'un et
l'autre. M. Schepotoff s'emporta tellement
que je me vis à la fin contraint de céder.
Je signai donc ; je compris d'ailleurs qu'il
ne pouvait prendre sur lui d'enfreindre un
ordre si positif du gouverneur. Pour cette
fois, je fis mes adieux à une ressource dont
cependant j'avais grand besoin. J'étais re-
tourné chez le comte de Tolstoye. Depuis
quatre mois et demi, mon reçu était envoyé.
J'avais pris le parti d'oublier cette perte
douloureuse cependant, lorsqu'une seconde

lettre annonça à M. le comte, qu'il pouvait
m'envoyer toucher mes espèces. Je ne crains
pas d'affirmer que ce fut à regret que le
capitaine Schepotoff se trouva obligé d'user
à mon égard d'une certaine violence pour
obtenir ma signature, car il ne cessa d'avoir
pour moi des attentions et même des préfé-
rences. J'étais, de tous les prisonniers, le
seul auquel il montrait de la déférence. Un
jour il fut chargé de nous consulter pour
savoir si parmi nous il s'en trouverait de
bonne volonté pour être incorporés dans
les régiments russes ; il avait ordre alors de
les inscrire, puis de les faire partir. Nous
écoutâmes avec surprise cette proposition ;
certes, pas un de nous n'était disposé à
l'accepter ; mais, personne n'osant prendre
la parole, je crus remarquer que l'on comp-
tait sur moi. Je m'avançai donc, et je dis
au commandant, au nom de mes camarades,
que nous savions apprécier S. M. l'empereur Alexandre ; mais que, quel que fut l'a-
grément que nous pourrions trouver à servir
dans les rangs de son armée, aucun de nous
n'était disposé à y prendre du service.....

Nous avons nos familles, nos parents, nos amis, notre patrimoine ; nous attendrons patiemment la paix pour rejoindre la patrie. L'officier russe me loua très amicalement de cette explication. Peu de jours après, il arriva à la porte de notre habitation ; la nuit était close, mais il faisait un très beau clair de lune ; il avait son oroski. Il cria à plusieurs reprises : « Monsieur le capitaine ! » Je me présentai. « Venez vous promener avec moi. » Je ne me fis pas prier, et bientôt je fus à ses côtés. Je n'eus pas l'air de m'apercevoir qu'il était un peu sous l'influence de l'ivresse. Je crus d'abord qu'il me conduisait chez un baron de ses amis. C'était tout naïvement chez des courtisannes... mais de quel genre ? Armons-nous de courage pour le dire... Ces deux... comme on voudra les appeler, étaient parées chacune d'un bonnet de coton, dont la blancheur m'étonna ; il était droit comme un cierge sur leur tête, et terminé à sa pointe par la petite houpette ordinaire. Je crois, sans l'affirmer, que c'était une marque assignée à ce genre de femmes, car je n'en ai jamais vu aux autres paysannes. Puis, elles avaient la pelisse ou fourrure en peau de mouton, passablement crasseuse, costume généralement adopté par les deux sexes. Les femmes qui ont de l'aisance, les portent en peaux de lièvres qui, tués en hiver, ont la blancheur de la neige. Le tout est recouvert de drap. Les hommes, hors la classe des mousicks, les portent d'astracans, de loups, de renards, etc... et toujours recouvertes de drap plus ou moins beau.

Mon introducteur commença par envoyer chercher des liquides, compléta son ivresse, et fit ses délices du seul grabat qui existât. Quant à moi, je n'eus aucune crainte de tomber de ma couche, m'étant étendu à terre. J'étais, il est vrai, peu flatté de ma position, mais je fis bonne contenance; je dormis très bien et ne m'éveillai qu'au petit jour. Il est bon parfois de se coucher tel qu'on se trouve, car on ne perd pas de temps à s'habiller. Je dis adieu, mais si bas que je ne fus pas entendu, et courus bien vite égayer mes camarades. Jamais M. Schepotoff ne m'ouvrit la bouche de cette aventure.

Je reviens à mon équipage de route, qui était à mes ordres. Mon cocher et mon laquais vinrent me demander si nous n'allions pas partir; mais je voulais rester quelques instants de plus avec mes camarades, dont j'avais regretté vivement la société, quoique je fusse heureux chez le comte. Je fus bien inspiré d'attendre encore, car nous apprîmes tout-à-coup, sans nous en douter nullement, qu'une surprise de faveur impériale nous était réservée; et si j'ai raconté de si nombreux tourments, c'est avec joie que je parlerai du bien qui nous fut fait.

Commençons par dire que peu de jours après être arrivé à notre destination, nous apprîmes que, dans le cas où nous aurions des réclamations à faire, nous pouvions les adresser librement à M. le gouverneur de Tambow.

Je lui écrivis, pour lui peindre mon dénûment, ajoutant que pendant une marche de plus de trois mois, nous n'avions reçu que dix jours de solde prescrite par S. M. l'empereur Alexandre.

Je renouvelai deux autres fois ma supplique, et je m'expliquai avec lui de vive voix, lors de sa tournée. Il me répondit simplement qu'il avait soumis cette réclamation à son gouvernement. Ce fut tout ce que j'appris.

Je ne pourrais dire si cette réclamation bien juste coopéra à nous valoir les faveurs de S. M. Alexandre. Quoiqu'il en soit, il prescrivit que chaque prisonnier officier recevrait, à titre de gratification, cent roubles !... Quelle joie parmi nous? Elle fut signalée par un repas. Nous bûmes à la santé du *pauvre petit Caporal*. Nous pouvions nous régaler amplement ; car cent francs en Russie, c'est une somme énorme !

L'empereur avait ajouté qu'en outre de ce secours, nous recevrions chacun une fourrure de mouton du prix de huit à douze fr.

Ceux auxquels ce nouvel ordre avait été transmis savaient parfaitement que ces fourrures devaient nous être distribuées neuves ; mais leur avidité les fit agir différemment : On acheta les rebuts des mousicks à très bas prix, et force nous fut de nous couvrir de ses saletés vermineuses.

Je voulus profiter de ma bonne fortune, pour montrer ma reconnaissance aux personnes desquelles j'avais reçu quelques cadeaux. J'achetai aussi une *poute* ou quarante livres de tabac en feuilles, que je distribuai aux domestiques du comte qui ne savaient assez m'en remercier. Ils sont si pauvres qu'ils sont souvent privés de fumer, quoiqu'en Russie le tabac ne coûte guère que vingt-cinq centimes la livre.

Je cédai enfin aux instances des gens à mes ordres, et je montai dans mon traîneau après avoir embrassé tous mes camarades. Mon retour, chez le comte, fut accueilli par de vives démonstrations d'amitié.

Mes habitudes du château reprirent leur cours. La monnaie que je possédais alimentait la gaîté de mon caractère. La partie de billard, avec les demoiselles du comte, toutes très belles, était pour moi une heureuse distraction. Quelquefois, mais rarement, on me procurait aussi la faveur de monter à cheval. Le dimanche, je me rendais aux offices avec toute la famille, quoique ne comprenant pas un mot des prières qui s'y récitaient. Chaque soir, le *pope* ou curé venait faire la prière et je ne manquais pas d'y assister.

Une chose qui m'a beaucoup étonné dans ce pays, ce fut de voir que les Russes, dont la dévotion est poussée à un excès tel que d'aussi loin qu'ils aperçoivent un clocher, ils se signent plusieurs fois, n'ont aucune considération pour leurs prêtres. Je n'ai jamais vu celui du village du comte échanger une seule parole avec lui, ni figurer à sa table, ni entrer dans les appartements. Le *pope* arrive sur les sept heures du soir, pour la prière. On lui envoie simplement un verre d'eau-de-vie qu'il boit dans l'antichambre avec les domestiques, ce qui semble donner l'idée qu'on ne l'estime pas davantage que les mousicks; et, en effet, il est livré aux mêmes occupations qu'eux; il quitte la charrue pour aller dire sa messe. On aura lieu de s'étonner encore, en apprenant que cet homme pour lequel on montre un certain mépris, lorsqu'il est aperçu de loin par les demoiselles du seigneur, fraîches, jeunes, belles et d'une grande élégance, ces dernières s'empressent de l'aborder, s'agenouillent et baisent avec grand respect une main si peu propre, qu'en vérité, s'il m'était permis de donner un conseil à ces dames, mon opinion serait qu'elles supprimassent un usage si peu digne d'elles!..

On sait généralement que les mousicks des deux sexes, si sales, et si crasseux, prennent cependant régulièrement, chaque samedi, des bains de vapeur dans une espèce de chambre qui n'est destinée qu'à cela. Cette habitude est la même dans les familles seigneuriales. Ils se font frotter le corps avec une brosse dure, pour provoquer la sueur qui finit par découler de tous les pores, se font ensuite arroser d'eau froide, en hiver comme en été; et, ce que je n'aurais pu croire si je n'en avais été témoin, c'est que des hommes sortant de ces bains dans l'état de transpiration dont j'ai parlé, le corps rouge comme un brasier, vont s'asseoir, les pieds dans la neige ou sur la glace, complétement nus, exposés à la rigueur d'un froid de trente degrés. Je ne pouvais m'empêcher d'en frissonner; j'étais de même saisi d'horreur en voyant le baptême des nouveau-nés ; on a la barbarie de les plonger trois fois dans un baquet d'eau mêlée de glace. Puis, par ce même froid, j'ai vu des enfants de quatre à cinq ans, sans bas ni souliers, couverts seulement d'une mauvaise chemise, courant dans la neige et dans la glace. Cela paraîtra vraiment incroyable à beaucoup de personnes!

Je pourrais citer encore une foule d'usages russes non moins surprenants ; mais je me laisserais entraîner trop loin.

Quatre mois et demi s'écoulèrent sans que je reçusse aucun avis de St-Pétersbourg. J'avais renoncé définitivement à toute espérance, lorsqu'une nouvelle lettre prescrivit à M. de Tolstoye de me renvoyer encore ; car, pour cette fois, j'étais assuré de toucher mon argent arrivé enfin en assignats de St-Pétersbourg. Ces assignats valaient si positivement le numéraire, qu'un marchand me les fit demander en échange de cette somme. Je n'eus à toucher que 460 fr.; car on m'en retint 140 pour frais divers. Combien je fus heureux encore de recevoir cette somme après l'avoir attendue seize mois!

Je me retrouvai de nouveau avec mes camarades, dont, pour cette fois, je ne voulus plus me résoudre à me séparer. Le temps, en ce moment, était beau : nous étions en mai. J'éprouvais cependant quelque peine en renvoyant mon traîneau et les gens qui m'avaient été donnés pour m'accompagner. Je me reprochais mon ingratitude envers des personnes dont j'avais tant à me louer. J'avais bien remis, pour Mme la comtesse, femme si bonne et si respectable, une lettre dans laquelle je la priais de me pardonner, si je ne retournais pas la voir ; que sa bienfaisance pour moi, ainsi que celle de sa famille, resterait à jamais gravée dans ma mémoire , mais que des bruits de paix circulant, on pouvait croire prochain notre retour dans la patrie, et que dès lors je croyais devoir rester avec mes camarades, pour me trouver prêt à les suivre. Je m'excusai, enfin, autant que je le pus. J'aurais été peiné que l'on eût mauvaise opinion de moi dans une maison où j'avais reçu tant de marques de bonté. J'en citerai une de Mme la comtesse. Elle avait obtenu de sa serre

une seule pêche, d'une grosseur moyenne,
en parfaite maturité. Elle en fit huit parts,
dont une me fut destinée. J'insistai autant
que je pus, pour la céder au plus jeune des
enfants qui s'en trouvait privé ; mais, malgré moi, il me fallut avaler ce morceau aussi
rare que délicat. Plus tard, je sus que cette
dame si bonne, si pieuse et d'un caractère
si aimable, avait témoigné le plus vif regret
de ce que je n'étais pas revenu les visiter.
J'en fus touché jusqu'aux larmes, et longtemps je me repentis de l'avoir peinée à ce
point. En retournant au château, j'y aurais
gagné, sous le rapport du plaisir, en re-
voyant des personnes qui méritaient si justement mon affection, et sous celui de l'éco-
nomie ; car on savait que j'avais de l'argent,
et ceux qui en étaient privés, étaient à mes
trousses. On m'avait obligé quand j'étais
malheureux, je devais à mon tour me montrer compâtissant. Je rendis d'abord exactement ce qui m'avait été prêté. Il n'en fut pas
de même à mon égard. Sur plus de cent
francs que j'ai éparpillés, j'en ai retiré à
peine le tiers. Le reste fut prêté à des offi-

ciers étrangers à la France, que je ne dois sans doute plus revoir, et dont je ne pourrais me rappeler les noms ni la somme prêtée à chacun d'eux. Du reste, je ne regrette nullement cette perte d'argent ; si j'en ai fait mention ici, ce n'est que pour montrer encore un des événements fâcheux de notre captivité.

Je ne saurais me rappeler comment j'avais fait la connaissance d'un diacre qui, sous les dehors de l'amitié, eut le talent de m'emprunter cinq roubles, qu'il m'avait promis de me rendre le lendemain. Je ne le revis plus. Nous avions l'habitude d'aller ensemble boire de la bière dans une espèce de café, dont le maître était pour nous d'une bonté remarquable. Nous avions crédit chez lui autant que nous le voulions. Je puis assurer que pas un de nous n'abusa de cette confiance. Quand nous eûmes ordre de nous mettre en route pour la France, je devais dix-neuf roubles à ce brave homme que nous chérissions tous. J'allai régler mon compte avec lui, et, voulant recouvrer en cette occasion les cinq roubles qui m'avaient été escroqués, je dis à mon créancier, qui se nommait Caseigne : Un tel (je savais alors son nom), diacre, me doit cinq roubles qu'il m'a empruntés. Il fut un moment à deviner de qui je voulais parler ; sans doute, je prononçai mal son nom, mais à la fin il le trouva. J'avais préparé un petit billet : « Ne sachant où il est, ajoutai-je, prenez-moi ce billet ; vous le lui présenterez, il vous donnera les cinq roubles, et je vais vous donner les quatorze autres dont je vous suis redevable. » Il me répondit avec douceur : « Monsieur le capitaine, si vous n'avez pas assez d'argent, vous me paierez quand vous reviendrez en Russie ; j'aime mieux vous faire crédit qu'à cet ecclésiastique. » Il ne serait guère possible de rencontrer un procédé plus flatteur. Je m'empressai, sans autre observation, de lui remettre les dix-neuf roubles. Je fus fâché d'avoir été dupe du diacre russe, mais je serais heureux de renouveler connaissance avec cet excellent cafetier qui montra tant de confiance et d'humanité à de malheureux captifs, qui lui étaient absolument étrangers. Je voudrais de tout mon cœur pouvoir lui prouver que nous n'étions pas indigne des bons procédés dont il usa à notre égard. Car l'état de détresse dans lequel nous nous trouvions alors, nous les faisait encore mieux apprécier !

J'avais, avec raison, pensé que nous ne serions pas longtemps sans prendre la route de notre chère patrie ; car, en effet, nous eûmes ordre de nous mettre en marche vers la fin de juin. Deux choses touchaient nos cœurs ; la première, c'était de voir notre colonne, forte, dans le principe, de trois mille quatre cents hommes, tant officiers que soldats, et d'une vingtaine de femmes, réduite à treize des premiers, et à quatre des derniers ; la seconde, de songer au long espace de six cents lieues à parcourir, privés pour ainsi dire de toutes ressources pécuniaires. Dès ce moment, nous ne reçûmes plus de solde ; les paysans étaient chargés de nous nourrir, et ils s'en acquittaient comme si nous eussions été en temps de jeûne perpétuel. Du reste, je laisse le soin de nous plaindre à ceux qui ont été assez infortunés pour faire l'expérience d'un ca-

rême russe. Nous n'avions pas supposé que
notre solde serait supprimée, et, dans cet
espoir, je n'avais pas autant économisé que
je l'aurais dû. J'avais fait quelques em-
plettes, il me restait peu ; et comme la
somme que je possédais ne pouvait être iné-
puisable, je n'eus bientôt plus un centime.
Force me fut donc, en arrivant au gîte, de
vendre à vil prix, successivement, chaque
objet dont je m'étais pourvu. Le produit de
cette vente m'aida à me donner les choses
les plus indispensables. Je m'en servis particulièrement pour me procurer de la bière,
seule boisson qui put vous désaltérer dans
les chaleurs qui, durant les mois de juillet
et d'août, sont plus accablantes dans ce
climat que dans le nôtre.

Peut-être beaucoup de personnes savent-
elles que la couronne russe possède aussi ses
domaines, dont les terres et les mousicks
lui appartiennent, et que, de ces propriétés,
le souverain récompense les hommes dont
la valeur a brillé sur le champ de bataille,
ou qui par d'autres titres se sont rendus
dignes de la magnificence souveraine.....

Alors, S. M. offre pour récompenses des villages composés de quatre ou de cinq cents paysans, plus ou moins, dont on devient propriétaire. Lorsque nous étions assez heureux pour loger chez ces mousicks privilégiés, ce qui était trop rare, nous étions traités incomparablement mieux que chez les pauvres mousicks. L'aisance et la propreté s'y faisaient remarquer ; notre nourriture était plus recherchée et plus abondante. Nous arrivions toujours accablés de fatigue et de chaleur, nous étanchions une soif ardente avec de la bière, on nous donnait à manger, puis nous étions conduits dans des granges où de la paille fraîche était préparée pour nous reposer. Le lendemain, nous étions assez délassés pour continuer notre route vers la France, objet de nos desirs.

Notre petit détachement se trouva grossi par un autre de quarante à quarante-cinq prisonniers qui n'avaient pas été moins maltraités que nous dans leur captivité. Nous éprouvions un certain plaisir à nous raconter les uns aux autres nos misères. Je retrouvai, parmi ces nouveaux compagnons d'infortune, trois officiers supérieurs que j'avais connus, et que j'eus occasion d'obliger plus tard, par mes connaissances à Leipsick, et je raconterai comment, quand nous serons arrivés dans cette ville.

Je dois dire, à la louange de S. M. l'empereur Alexandre, qu'il avait ordonné des voitures attelées chacune d'un cheval pour deux officiers prisonniers. Il nous aurait donc fallu, chaque matin, environ trente voitures, rarement il s'en trouvait plus de cinq à six.

L'officier russe qui nous conduisait, accaparait le surplus. Par ce manque d'obéissance aux ordres positifs du souverain, nous étions constamment en querelle avec lui, mais sans jamais avoir gain de cause. Ces voitures, dont je ne puis mieux comparer la forme qu'à celle de nos tombereaux; avaient un tiers de moins de largeur. Elles n'avaient pas la moindre parcelle de fer. Le feu y prenait assez souvent, et ce n'était qu'en y jetant force eau qu'on parvenait à l'éteindre. Je ne me souviens pas qu'un seul de nous y soit monté; nous les laissions aux femmes, et nous y placions quelques effets.

Nous fûmes heureux, sous le rapport du temps, il fut constamment beau. S'il en eût été autrement, nous n'aurions pu continuer chaque jour notre marche, dans un pays terreux, et où l'on fait jusqu'à cinquante lieues sans rencontrer la plus petite pierre.

Nous arrivâmes, après une longue course, à Bialistock, petite ville assez jolie, et dans laquelle nous restâmes huit ou dix jours. C'est sur ce point que furent réunis tous les prisonniers qui, comme nous, avaient subi les misères affreuses de la captivité !...

Ils arrivaient successivement de tous les côtés de l'empire, et nous apprîmes que ces détachements, si faibles alors, avaient éprouvé la même réduction que la nôtre.

Ce fut en ce lieu, limitrophe de la Pologne et de la Prusse, que nous furent délivrées nos feuilles de route pour la France. Nous devions nous y rendre à distance, afin d'éviter l'encombrement.

C'était à l'approche de la foire de Leipsick. Nous sûmes que des juifs s'y rendaient avec

quatre vastes charriots, attelés chacun de
quatre chevaux. Ces charriots étaient recou-
verts en toile; on les conduisait vides, mais
ils devaient ramener des marchandises.
Nous rencontrâmes ces juifs, ils nous abor-
daient souvent pour nous proposer de
prendre place dans leurs voitures. Mais il
fallait en acceptant leur proposition, satisfaire à leur cupidité, portée à un si haut de-
gré chez tous ceux de leur espèce. Ils ne
nous demandaient donc pas moins de dix-
huit sequins ou neuf louis de vingt-quatre
francs. Combien nous regrettions tous d'ê-
tre dans la nécessité de renoncer à une occasion si favorable de rentrer plus rapidement en France, car nous aurions fait au
moins dix ou douze lieues par jour!

J'avais, ainsi que quelques-uns de mes
compagnons, l'espoir de toucher un peu
d'argent à Leipsick; mais ce fut en vain que
nous assurions nos juifs que, arrivés en cette
ville, nous serions à même d'acquitter notre
dette. L'argent comptant aurait pu seul les
convaincre. Cependant, les barbares! ils ne
cessaient à chaque instant de nous accoster,

espérant que nous trouverions quelques
ressources pour pouvoir prendre place dans
leur voiture. Quant à moi, cela me paraissait
bien impossible dans un pays où tout le
monde nous était inconnu. A la fin, les
juifs, en rôdant sans cesse autour de nous,
vinrent à bout de me faire prendre le parti
de m'adresser à un Français établi dans cette
ville depuis l'émigration. Si je ne me trompe,
il était à la tête d'une maison d'instruction.
Il se nommait M. de Sampigny. Ces juifs
m'assuraient qu'il avait rendu de grands
services à beaucoup de Français. Ils me le
peignirent sous les plus brillantes couleurs.
J'eus tout lieu d'éprouver qu'elles n'avaient
point été exagérées. Néanmoins, j'hésitai
longtemps à me présenter auprès de lui,
n'ayant à lui dire rien d'assez convaincant
pour lui montrer que je n'étais pas indigne
de sa confiance. Cependant, la grande envie
de profiter de la voie de vitesse qui m'était
offerte, m'enhardit, et je me présentai à M.
de Sampigny.

« Je lui nommai les maisons que je connaissais à Leipsick, et lui dis que j'étais

comme certain d'y toucher de l'argent, lequel me servirait pour remplir mes engage-
ments envers lui. Je lui dis encore qu'il
n'aurait rien à débourser, que je le priais
seulement de vouloir bien répondre pour
moi, puisque sa parole suffirait aux conducteurs des voitures. » Cette explication
lui fit prendre confiance en moi. Il consentit
à ma demande, et fut pour moi d'une bonté
extrême. Après lui avoir exprimé ma reconnaissance, je pris congé de M. de Sampigny.
J'arrivai auprès de mes camarades, heureux plus que je ne pourrais l'exprimer. Ma
joie causait le désespoir de ceux qui, privés de la même ressource que moi, se
trouvaient obligés de continuer à pied.
Deux officiers, dont l'un était mon ami intime à l'armée de Catalogne, me supplièrent
de leur obtenir la même faveur. Je leur fis
remarquer tout ce qu'il y aurait d'indiscré-
tion dans ma nouvelle démarche. Comment
oser réclamer pour deux autres, ce que je
ne m'étais décidé qu'avec peine à demander
pour moi seul! Mais on me pressa tellement que je consentis. Je les prévins seu-

lement que, n'osant pas demander verbalement cette nouvelle grâce, j'allais la solliciter par une lettre, et que je ne négligerais rien pour qu'elle leur fût favorable. M. de Sampigny portait le nom d'un village dont il avait été jadis seigneur. Beaucoup m'auraient répondu peu favorablement. Je m'étais exposé à un reproche, mais la réponse de M. de Sampigny ne fut pas tardive ; elle était aussi amicale que bienveillante : il acquiesçait à ma seconde importunité en consentant à répondre pour mes deux protégés.

Je m'empressai d'aller remercier ce galant homme de sa rare obligeance, et je l'assurai qu'il n'aurait pas à se repentir du service important que sa bonté l'avait porté à me rendre.

La mauvaise humeur que j'éprouvais d'une démarche aussi hardie, et dont je n'avais point espéré de succès, disparut pour faire place à la joie d'avoir obligé ces deux officiers. Ce service ne se borna pas là ; car, arrivés à Leipsick, l'un et l'autre ne savaient comment se tirer d'embarras pour continuer

leur route. Je fus encore assez heureux pour
leur faire donner cent cinquante fr. à chacun.
Il est à remarquer que dans la position où
nous nous trouvions, cinq cents francs en valaient mille. Je me serais estimé bien content
de trouver de l'argent à ce prix. Croira-t-on
que j'eus à me repentir gravement d'avoir
rendu service à ces deux amis. Ils ne l'étaient
nullement ; car ils ne me payèrent que d'ingratitude !...

J'excusai l'un, dont j'avais ignoré la nombreuse famille, et non l'autre qui, étant
célibataire, n'avait aucune charge qui put
l'empêcher de s'acquitter envers moi, et
dont le frère était l'un des chefs de l'Ecole
de médecine.

Avant de nous mettre en marche pour
Leipsick, je retournai voir et remercier encore ce digne et bienfaisant M. de Sampigny qui, comme il me l'avait dit dans sa
réponse à ma lettre, était heureux de com-
pâtir aux infortunes de ses compatriotes. Il
avait fait un écrit portant qu'en acquittant
le prix convenu de onze sequins et quelques centimes, pour chaque place, je reti-

rerais la moitié de l'écrit pour le renvoyer
sans retard. Car, me dit-il, ces juifs ont
exigé de moi une telle responsabilité, que
si vous manquiez à votre promesse, ils se
sont réservé le droit, au besoin, de me faire
exproprier. Je fus tellement touché de ces
paroles, que me ressouvenant de mes deux
traites sur le trésor, échappé si miracu-
leusement comme je l'ai montré, je les lui
donnai pour couvrir grandement sa garan-
tie; car la réflexion me vint que je n'avais
que l'espérance et non la conviction intime
de toucher de l'argent. Mais je fus servi à
souhait, comme on le verra bientôt.

Nous avions fait aussi, avec nos tracassiers
conducteurs, une convention qui stipulait
d'accord avec eux le nombre de jours qu'ils
demandaient pour arriver à notre destination, oubliant de fixer la diminution à faire
sur le prix de nos places, dans le cas où il
y aurait du retard.

Nous arrivâmes à Leipsick trente-six heures plus tard que le délai promis. Nous
avions le droit d'exiger une retenue, nous
voulûmes en user. Grande dispute alors !

querelle épouvantable !... Cette espèce de
gens, dont l'avarice n'a rien de comparable,
ne céderaient pas dix centimes s'ils croient
pouvoir les obtenir. Remarquez bien que
leurs quatre voitures contenaient vingt-six
prisonniers, ce qui faisait environ trois mille
francs de recette. Ils eurent la finesse de
remarquer combien était grand le desir
que chacun de nous éprouvait de revoir
promptement la France, ils tinrent donc
ferme pour dix-huit sequins pour chaque
place, ce qui, en tout autre circonstance,
en eût à peine valu six. La dispute devint
sérieuse : nous insistions pour un rabais
qu'ils refusaient obstinément. Nous avions
le bon droit de notre côté. Les uns et les
autres étaient furieux...

Ne pouvant faire entendre aucune raison
à ces détestables hommes, nous prîmes le
parti de nous adresser à un avocat. Celui-
ci nous assurait gain de cause. La plaidoie-
rie se préparait, lorsque la réflexion nous
vint que peut-être ce procès nous retien-
drait quinze ou vingt jours. Nous préférâ-
mes renoncer à nos prétentions, et nous re-

merciâmes notre avocat avec un napoléon de vingt francs.

Après les ennuis, on a besoin de s'égayer. Nous nous rendîmes tous chez un pâtissier, pour célébrer la joie que nous éprouvions à la pensée de revoir bientôt notre pays et nos familles. Nous bûmes du vin du Rhin, et dévorâmes tous les gâteaux qui nous furent présentés. Après avoir achevé notre festin, nous nous couchâmes sans qu'aucun de nous se ressentit trop des effets du vin du Rhin. Nous nous plaisions à remarquer que ces peuples avaient encore pour nous une grande déférence; car tous ceux chez qui nous logions nous traitaient avec égards et bienveillance.

Je me hâtai de faire des courses pour réaliser mes espérances d'avoir de l'argent. Je savais que M. Féronce-Crayonne, duquel j'avais reçu mon argent de St-Pétersbourg, était de Leipsick, mais je n'espérais pas l'y trouver. Je le croyais à Vienne, cependant j'allai à tout hasard le demander avec un jeune officier, mon ami intime, qui, par mon entremise, avait envoyé sur France un mandat de huit cent francs, mais un mois plus tard que moi. Il n'avait rien en Russie.

Bref, je fus assez heureux pour trouver M. Féronce! Nous nous embrassons avec amitié, et la conversation s'engage. Je suis, me dit-il, de cette ville; depuis onze ans, je n'y étais venu, et je semble y être exprès en ce moment pour vous rendre les services que vous aurez à me demander. Il ajouta : J'ai huit cents francs à remettre à Monsieur.... Il prononçait mal son nom, je le tirai d'embarras en lui disant : « J'ai l'honneur de vous le présenter. » Monsieur, dit-il, à ce jeune ami (qui devint mon beau-frère), ayant appris que les prisonniers rentraient en France, j'ai gardé votre argent, dans la supposition que vous passeriez par Vienne : ma maison avait ordre de vous le remettre, mais puisque vous êtes ici, je vais vous en compter le montant. » Ce qui fut fait. Aucune joie ne pourrait surpasser celle de mon loyal et bon camarade.

Mon tour vint de parler de mes intérêts. M. Féronce me demanda quelle somme il me convenait de puiser à sa caisse. Ma position était alors aussi belle que digne d'être enviée. Mon desir était de pouvoir faire des heureux. J'eus à regretter que la plupart de ceux que j'obligeai se montrèrent sans honneur ni délicatesse. Une des erreurs principales de ma vie, fut d'avoir toujours la simplicité de croire ceux auxquels je rendais service, incapables d'ingratitude et d'escroquerie. Pendant notre marche, on nous berçait de l'espérance que le gouvernement de S. M. Louis XVIII envoyait à notre rencontre le lieutenant-général Morin, si je ne me trompe, pour nous distribuer des secours d'argent. Nous nous réjouissions à l'idée que ce personnage qui n'était qu'imaginaire, nous attendait à Leipsick ; mais nous fûmes trompés. Bref, je me décidai à prendre pour moi mille francs, payables à courte échéance qu'on désira sur Lyon. Je chargeai M. Colin, de Châlons-sur-Saône, de pourvoir à l'acquittement de ce mandat.

J'avais contracté amitié avec M. de Saint-Léger, officier du 7e dragons, charmant jeune homme, dont la cousine que je con-

naissais était l'épouse de M. le lieutenant-
général Préval. Il se croyait assuré de recevoir des fonds à Leipsick. Cet espoir fut
trompé, il s'en désespérait. Je lui offris de
lui donner mille francs sur son mandat, y
mettant la condition de remettre diverses
sommes à quelques camarades dont la gêne
était extrême. J'eus à me repentir de cette
dernière condition ; car mon ami ayant accepté mon offre, il en résulta qu'il eut les
plus grandes peines à recouvrer les sommes
qu'il avait avancées. Quelle fut mon indignation en pensant que des hommes qui
n'auraient pu rejoindre leurs familles qu'a-
près avoir essuyé de misères nombreuses,
ayant été tirés d'un état de détresse par
de l'argent emprunté aux énormes intérêts
de quinze et vingt pour cent exigés en pays
étranger, et desquels intérêts on ne leur
demandait pas un centime, que ces escrocs,
car je ne puis les désigner sous un autreti-
tre, qui savaient si bien captiver la confiance, en abusèrent à ce point qu'il fallut trois
ou quatre ans de courses et de démarches
pour obtenir le remboursement de sommes

qui devaient leur être sacrées, surtout d'après la manière généreuse avec laquelle elles leur avaient été prêtées ! Une conduite si peu délicate nous donna la conviction que si, dans nos moments de dénûment, ils eussent eu de l'or plus que suffisant à leurs besoins, ils auraient préféré voir leurs frères mourir de misère que de les secourir. Mais laissons là ces hommes méprisables ; leur souvenir ne laisse rien d'encourageant à la bienfaisance. Je reviens à M. Féronce, qui m'avait demandé si je voulais de l'argent de France ou du pays, sans réfléchir que notre écrit fait avec les juifs qui nous avaient amenés dans leurs charriots, portait que nous devions les payer en cette dernière monnaie, je pris mes mille francs en napoléons, pensant qu'ils ne pouraient refuser en leur donnant l'équivalent de ce qu'ils exigeaient. Ces tracassiers se présentèrent à l'heure que je leur avais désignée. Quelle ne fut pas ma colère en voyant que, se prévalant de l'écrit, ils refusèrent avec une féroce obstination la moindre partie en argent de France ! Cela revenait au même, car nous nous étions désisté de nos droits sur un retard de trente-six heures. J'étais exaspéré d'une chicane aussi injuste que brutale. Plus je persistais à vouloir les payer en argent de France avec l'évaluation en sus, plus ils insistaient pour ne recevoir que de véritables sequins en or. Puis, pour me montrer que leur résolution était bien prise, ils se mirent à descendre l'escalier rapidement. Furieux, je courus après eux ; j'en pris un par sa longue barbe que je tirai si fort qu'il m'en resta la moitié à la main. Il jeta des cris perçants, cria : A l'assassin !... La foule se réunit bientôt devant la maison. Ceux qui étaient témoins de cette scène riaient aux éclats de la mine piteuse du juif n'ayant plus que la moitié de sa barbe ; je ne pus m'empêcher d'en faire autant... Cela ne m'empêcha pas d'être dans la nécessité de courir la ville pour négocier, non sans perte, de véritables sequins, afin de satisfaire mes cupides créanciers qui avaient refusé, dans la crainte que je leur donnasse quelques pièces fausses parmi celles qu'ils feignaient leur être étrangères. C'était aussi l'envie de chicaner ; car ils avaient quinze ou vingt mille francs à dépenser à la foire pour les marchandises dont ils devaient remplir leurs voitures ; certes, je n'avais pas l'intention de les tromper, en les payant sur le pied de la valeur réelle.

Il n'a fallu rien moins que notre grand empressement de rentrer en France, je le répète, pour nous désister du procès et en payer gratis les honoraires, car bien certainement, comme nous l'assurait notre avovat, notre droit ne pouvait être contesté ; le retard de 36 heures étant justifié par l'écrit signé réciproquement. Mais, comme je crois l'avoir fait remarquer, nous étions trop impatients de revoir la patrie, pour nous familiariser avec l'idée d'un retard. Nous continuâmes donc notre route vers la France.

Ces beaux pays que nous parcourions, fumaient encore des désastres d'une guerre récente ; et nous étions agréablement surpris de l'accueil favorable que nous recevions de ces peuples qui en avaient si cruellement souffert.

Il était loin de notre pensée que les conditions du traité de paix fussent aussi humiliantes pour notre pays ; mais nous ne l'apprîmes que trop, à mesure que nous avancions : nous nous en attristions beaucoup. Nous arrivâmes à Erfurt, l'un des derniers théâtres de la guerre. Les habitations étaient en grand nombre détruites. Nous y trouvâmes des troupes prussiennes, qui, animées par le souvenir de la défaite que nous leur avions fait essuyer naguère, se montraient disposées à s'en venger lâchement sur de malheureux prisonniers inoffensifs. Le principal motif de la querelle qu'ils nous cherchaient, furent quelques cocardes que le hasard avait conservées sur quelques uns d'entre nous. Ils nous abordèrent en masse avec une épouvantable fureur pour nous contraindre à les ôter. Ce qu'on exige avec rigueur, ne s'obtient pas toujours. Nous voulûmes d'abord résister ; mais il fut mieux de ne pas s'exposer à un massacre qui aurait été infailliblement général !.... Quelle belle gloire ils eussent acquise !...

Nous passâmes le Rhin à Oppenheim, et cheminâmes sur Landaw, qui faisait en-

core partie de notre territoire. Nous y trouvâmes le lieutenant-général Guilleminot,
occupé à l'établissement des lignes de dé-
marcation. Il avait pour adjoint M. Marion
de Beaulieu, colonel du génie. Il avait été
mon ami ; je renouvelai connaissance avec
lui. Quelle émotion de bonheur nous éprouvions de nous retrouver enfin sur notre
terre natale !... Je revis aussi le colonel
Duvivier qui commandait en ce moment
un régiment de chasseurs à cheval. Je l'a-
vais connu dans la garde ; il m'invita à
dîner. Je lui demandai avec empressement
des nouvelles du général Excelmans, que
j'apprécie autant que je l'aime. « Il est toujours, me dit-il, le *Bayard* de la France. »
Je fus charmé d'apprendre que ce modèle
des braves était en bonne santé. J'étais
lié avec ce général depuis la première campagne de Naples. Il était alors lieutenant
et moi sous-lieutenant. Je l'aimais sincè-
rement et ne cessai jamais de me réjouir
de ses avancements successifs. Tel je l'a-
vais connu, tel je le retrouvais toujours.
Sa supériorité sur moi ne l'empêchait pas

de me témoigner les mêmes sentiments de bienveillance et d'amitié.

Dans l'ignorance où nous étions de tous les évènements survenus en France depuis que nous l'avions quittée, il est facile de comprendre l'avidité avec laquelle nous interrogions ceux qui en avaient été témoins. Ce fut dans la place de Landaw que nous vîmes pour la première fois les fleurs de lys, emblêmes du nouveau souverain. Nos cœurs s'affligèrent en pensant qu'il nous fallait renoncer à notre drapeau, à nos aigles qui si souvent nous avaient montré le chemin de la victoire, et auxquelles nous ne cessâmes d'être fidèles. Nous nous trouvions découragés de ce nouveau signe de la puissance, et nous nous disions que, sans doute, il eut été mieux de conserver les signes qui partout avaient triomphé. Ce n'était pas un sentiment de prévention contre Louis XVIII, car nous avions entendu parler de lui favorablement. Nous étions persuadés qu'il n'avait que de bonnes intentions. Déjà même nous eûmes à nous louer de lui, puisqu'on nous remit par son ordre moitié de notre solde pour tout le temps qu'avait duré notre captivité.

Cependant, avouons avec franchise que nous redoutions très-fort que les conseillers de S. M. nous nuisissent. Nous ne pouvions nous abstenir d'exprimer hautement notre vif regret de n'être plus désormais sous la direction d'un prince, non seulement l'idole de son armée, mais encore de la plus grande partie de la population, d'un prince qui était admiré parmi toutes les nations!

Je ne sais si l'on pourrait citer beaucoup d'époques où les peuples furent plus heureux que sous la domination de Napoléon. Où a-t-on trouvé et où trouvera-t-on jamais des souverains dont le génie soit au-dessus de celui de ce grand homme? Nul ne fut plus digne que lui d'être placé au rang suprême! Plus ses ennemis, peu nombreux en effet, cherchaient à ternir son immortelle réputation de gloire par leurs calomnies, plus ceux qui savaient l'apprécier lui prodiguaient leurs affections!...

Nous nous mîmes en route pour Strasbourg où nous restâmes environ huit jours. Là, nous apprîmes tout ce qui pouvait piquer notre curiosité. Ce fut aussi dans cette ville que, par un singulier hasard, nous fûmes nommés chevaliers du lys. Nous avions fait connaissance je ne sais plus comment d'un officier du maréchal Kélermann qui avait son quartier à Strasbourg. Il nous parla avec emphase de cette nouvelle décoration; il nous dit qu'elle était fort recherchée, que c'était un véritable porte-respect. Nous la vîmes briller en effet sur la plupart des poitrines. Le portier même du maréchal en était paré. Cet officier nous offrit ensuite sa protection, il nous conseilla de faire nos demandes qu'il se chargea de faire valoir. Et cette faveur prodiguée à tort et à travers, ne se fit pas attendre. Nous fûmes nommés chevaliers du lys, comme nos compatriotes. A Strasbourg, commença notre séparation. Chacun de nous prit la direction qui lui convenait. Un seul suivit avec moi celle de Besançon, Dôle et Châlon-sur-Saône où je me retrouvai dans ma famille. Mais, avant de nous

quitter, nous nous étions tous donné rendez-vous à Paris, et peu y manquèrent.
Ce fut une grande joie de se revoir. Nous
ne nous quittions guère ; nous prenions
plaisir à nous rappeler nos misères de Russie.

L'évènement du 21 mars arriva : j'aurai
la franchise d'avouer que nous nous en réjouissions fort, pensant que l'étoile de l'Empereur reprendrait tout son éclat. Le mois
de juin vint. La nouvelle armée touchait
à sa complète organisation. J'étais malade
alors. Ce fut à ce moment que je vis pour
la dernière fois ce malheureux général Duhesme. Il était venu me voir, et nous nous
donnâmes rendez-vous à Laon. On présu-
mait que l'armée devait y séjourner quelques jours. Le général Duhesme avait reçu
l'ordre de prendre le commandement de
la jeune garde et ne s'arrêta pas dans cette
ville où j'arrivai non rétabli. Nous rencontrâmes une colonne de prisonniers prussiens, ce qui nous parut être de bon augure.
Nous arrivâmes sur le champ-de-bataille de
Waterloo au moment de la complète débâcle!... les restes de l'armée étaient cons-

ternés. Mais comme il fut malheureux qu'un corps d'armée de 30,000 hommes ait presque été témoin de l'action, puisqu'une terrible cannonade s'entendait de sa position! Ce fut l'un de ces cas où l'on ne devrait prendre conseil que de soi pour opérer un mouvement sans qu'il fut ordonné. Mais M. le général en chef n'eut pas malheureusement la pensée que les ordres de l'Empereur pouvaient avoir été interceptés. Ce qui cependant avait eu lieu ; et la non-coopération de ce beau corps d'armée causa la perte d'une bataille si décisive.

On a dit que le général Excelmans avait exprimé avec humeur une extrême surprise de ce qu'on ne se portait pas sur le point d'où ronflait une si vive canonnade........ Ce fut là que l'intrépide général Duhesme fut atteint de trois balles, à la tête de la jeune garde. M. Marquiant, son aide-de-camp et son neveu, resta prisonnier pour lui donner ses soins, qui bientôt lui devinrent inutiles !.... Les généraux prussiens lui firent rendre les honneurs militaires ; et M. Marquiant trouva moyen d'échapper à la captivité, sous un déguisement de paysan.

Les ennemis du malheureux général Duhesme saisirent l'occasion de sa mort si glo-
rieuse pour le foudroyer de calomnies nouvelles jusqu'à sa dernière demeure, et s'em-
pressèrent d'insinuer qu'il avait été tué par les
siens, au moment où il trahissait l'armée!!..
Combien de personnes m'ont tenu ce langage,
et comme je me trouvais heureux de chasser
de leur esprit cette ignoble calomnie!!... J'affirme que ce loyal militaire n'aimait pas l'Empereur, puisqu'il fut injuste à son égard,
mais j'affirme aussi qu'il appréciait sa gloire,
le servait avec autant de dévouement que
de fidélité, et fut incapable de le trahir
jamais.

On marcha dans un morne silence sur
Paris. Nous fîmes divers mouvements ; on
paraissait décidé à hasarder une bataille,
et nous en attendions le signal qui nous
manqua, car les alliés s'entendirent avec
le gouvernement provisoire. Chacun alors
s'inquiéta de son sort futur. Tous en
auguraient mal, surtout après l'invention
des quatorzes catégories qui enveloppaient

de si louables dévouements et dont tant de
braves furent victimes !!.. Heureusement,
j'étais resté à Paris sans rencontrer les occasions de me compromettre, et je ne fus
enveloppé dans aucune de ces monstrueuses
catégories qui devinrent la proie des grands
prévôts. La fin de l'année arriva, non sans
nous apporter assez fréquemment des nouvelles qui nourrissaient nos craintes, mais
qui ne m'atteignirent pas.

Vers la fin de décembre, le général Clerc,
que je voyais habituellement, reçut des lettres
de service pour le commandement du département de la Drôme, où nous arrivâmes le 1er janvier. Nous nous mîmes en vi-
sites, et nous eûmes occasion de remarquer
que les opinions se trouvaient avancées
hors des mesures raisonnables! Selon moi,
nous étions plus sages que tous ces gens-là.
Il n'y avait guère que quinze jours que
nous étions en fonctions, quand se présenta
un instrument de terreur, je veux dire un
maréchal-de-camp, grand prévôt. C'était
fort heureusement un homme excellent, et
nous nous liâmes bientôt avec lui. Ce maré-

chal-de-camp, nommé le marquis de Chambon, avait été capitaine dans le régiment
d'Artois-dragons ; et, à la révolution de 89
ou 90, il émigra avec ce grade ; puis son
avancement lui échut en dormant, et, à sa
rentrée, il fut nommé général, conformé-
ment à l'usage de l'époque. Chose singulière et heureuse pour moi ! j'avais, comme
lui, servit dans ce corps. Il prenait plaisir
à causer avec moi de tous les anciens de
son temps qu'il avait connus ; et, comme
il m'avait pris en grande amitié, souvent
nous nous promenions en tête-à-tête.

Tant que M. le général Clerc n'eut pas
sa famille, mon devoir était de l'accompagner partout ; et, quoique bien accueilli généralement, je n'allais qu'avec répugnance
dans ces sociétés qu'on est convenu d'appeler du *grand monde*, car c'était là seulement qu'il fallait vociférer les cris de : Vive
le Roi !.... Jamais je n'ai pu admettre qu'on
prouvât, par cette démonstration, son attachement au souverain, et jamais non plus je
n'ai proféré, pour qui que ce soit, ce cri
trompeur et hypocrite, pas même pour l'Em-

pereur que je chérissais. Le général Clerc et
moi, quoique aimant Napoléon, nous avions
adopté une autre manière de prouver notre
dévouement à S. M. Louis XVIII, c'était de
le servir avec honneur et fidélité. Attachons-
nous à faire des amis au roi, me répétait souvent le général ; et je me plaisais à le seconder
de mon mieux. Je puis dire que nous réus-
sissions, en persuadant à chacun que le
souverain n'avait que de droites intentions
en faveur de son peuple.... ce qui était vrai.
Mais nous étions si détestés de tant de conseillers de la couronne, qu'il n'était pas
toujours facile à S. M. de faire prévaloir
ses sentiments de bonté.

La famille de M. le général arriva, ce qui me
dispensa de l'accompagner aussi souvent;
sa dame me remplaça, je m'en réjouissais.
Nous avions d'ailleurs à suivre, par ordre du
ministre de la guerre, un grand travail con-
cernant les malheureux officiers à demi-solde, qui étaient en grand nombre. Il fallait
rédiger des mémoires de propositions de retraite, basées sur les états de services; clas-
ser les autres sur des états particuliers, soit

pour rester à demi-solde, soit pour être re-
placés dans les régiments avec leur grade;
puis il était enjoint au général Clerc de régler ce travail d'après les notes que four-
niraient Messieurs les Maires sur la conduite, sur la manière de voir et l'opinion
de chacun; mais on sera étrangement surpris que, dans un si grand nombre de personnages, pas un ne fut digne de la confiance du gouvernement... Ce n'étaient que
des ennemis du roi, pensant mal, détestant
les Bourbons, des conspirateurs très dangereux, de vrais dévoués à l'usurpateur,
etc., etc. Le général était furieux d'entendre
des calomnies si monstrueuses. Nous les
connaissions tous, nous les voyions souvent,
et certes nous pouvions assurer que tous
eussent servi S. M. avec plus d'honneur
et de distinction que beaucoup d'autres, car
ils avaient l'expérience du service comme
de la guerre. Disons avec notre franchise
accoutumée que tous ceux qui s'appliquaient
à marquer du cachet de la réprobation nos
vieux et même nos jeunes grognards, ceux-
là, dis-je n'avaient pas couru les mille dan-

gers des combats, les privations de tous
genres qui en résultent. Et, après des souffrances surhumaines, perdre son état, ses
espérances d'avancement, se voir avili, calomnié, désigné au monarque comme dangereux à sa personne, entouré d'agents provocateurs comme il en fut lancé sur moi-même!
Ils s'y prenaient de toutes manières, et
finissaient toujours par en amener beaucoup
à se compromettre, puis on les faisait passer
par les armes! Dira-t-on que, malgré tant
d'injustes et d'atroces persécutions, nos
compagnons d'armes n'aient pas conservé
un cœur français? Tous demandaient du
service à S. M. Louis XVIII. Les persécu-
teurs de tant de braves, oseraient-ils dire
que, se trouvant dans une semblable position, ils se seraient montrés si résignés?

Le travail confié aux soins du général
Clerc fut bientôt achevé et envoyé. Le ministre lui en témoigna une vive satisfaction;
et il put se réjouir d'avoir fait placer bon
nombre d'officiers de la vieille armée, après
avoir changé les notes mensongères et in-
jurieuses de Messieurs les Maires.

Le général continuait toujours à me répéter que nous devions nous attacher à faire des amis à S. M., et cela en disant à chacun tout le bien qu'on pensait d'elle, en nous conduisant avec prudence, et en jugeant par nous-mêmes; car on aurait commis souvent de graves injustices, si l'on s'en fût rapporté à ces infâmes dénonciateurs qui, comme on le disait alors, voulaient être plus royalistes que S. M. On sera sans doute étonné, comme je le fus moi-même, en apprenant que, pendant que nous nous efforçions de servir dignement le monarque, deux dames de Valence, d'une famille honorable, que dans mon indignation je nommerai, les demoiselles Pernetti, d'une charité non chrétienne, s'étaient rendues secrètement chez le grand prévôt, pour lui débiter contre moi une dénonciation qui ne tendait rien moins qu'à me faire fusiller. Elle vint échouer fort heureusement devant le caractère de justice du très honorable marquis de Chambon, et devant la bonne opinion qu'il avait de moi. Le grand prévôt s'empressa de me faire part de la

confidence qu'il venait de recevoir de ces
demoiselles en leur donnant une épithète
que méritait bien leur odieuse démarche.

Maintenant, je dirai ce qui avait fait de
moi un dangereux conspirateur : c'était,
d'une part, parce que je me montrais rarement dans les sociétés d'un royalisme outré; et, de l'autre, parce que j'avais pour
voisin un M. Bergeron, dont le caractère me
plaisait, et avec lequel je passais mes moments de loisirs à faire quelques parties de
piquet. On le désignait comme un forcené
républicain, il ne l'était pas plus que moi :
seulement, il aimait avec passion Napoléon,
et ce tort si grave pour l'aristocratie, était
trop de mon goût pour le combattre.

Je mentirais si je disais ne pas avoir res-
senti un mouvement d'indignation de la
conduite de ces dames à mon égard. Je désirais me venger, mais de manière à ne m'at-
tirer le blâme de personne. Je fus heureux
de rencontrer une occasion telle que je la
desirais.

Monseigneur le duc d'Angoulême arriva,
pour donner aux légions le nouveau dra-

peau, qu'il fallait avant faire bénir. La cérémonie fut imposante. Un autel fut dressé
hors de la ville en rase campagne. Chaque
jour, nous montions à cheval avec le prince
qu'on a calomnié, il causait très familière-
ment avec nous. Je le trouvais bon, aimable
et sans fierté. Il avait pris son quartier à
l'hôtel de la Préfecture. Les présentations
se firent à sept heures du soir.

Chacun avait préparé son discours ; M. le
président du tribunal avait commencé à débiter le sien, lorsque le prince dit à haute
voix :

« Je vous en prie, Messieurs, pas de
discours. » Cette recommandation abrégea
de trois ou quatre heures la réception.
Toutes les autorités assistèrent au dîner de
Monseigneur qui, le lendemain, passa les
troupes en revue. Nous remarquâmes que
les princes, en général, avaient pris un tel
déplaisir aux cris de vive tel ou tel, qu'avant
tout, ils témoignaient le desir de ne pas les
entendre. Le duc de Berri en avait agi ainsi.
Le général commandant avait donné en secret un ordre contraire. Les cris retenti-

rent : Le général courut au prince pour lui dire : « Vous le voyez, prince, je n'ai pas été obéi. » Le prince lui répondit avec un peu d'humeur : « Vous êtes un Gascon. »

Le jour de la cérémonie arriva : le temps était magnifique. Toute la troupe était réunie sous les armes. Les habitants en très grand nombre y assistaient. Je remarquai qu'aucune place n'était vide. De loin, j'aperçus les deux dames qui avaient tenté ma perte. Comme faisant partie de ceux désignés pour les cérémonies, je m'empressai d'aller à leur rencontre ; j'offris la main à l'une, et fis signe à un camarade d'en faire autant pour l'autre. Je leur témoignai un vif regret de leur tardive arrivée, et, ne trouvant de place nulle part, je priai l'un des officiers sous les armes de m'envoyer l'un de ses sous-officiers que je mis à la recherche de deux siéges. Ces dames furent bientôt placées d'une manière satisfaisante pour elles. C'était la première occasion que j'avais d'échanger quelques mots avec elles. Je ne les revis jamais plus.

Le lendemain, à six heures du matin,

après avoir entendu la messe à laquelle nous l'accompagnâmes, M. le duc était en route pour Paris.

Peu après, nous eûmes le passage de la future épouse du duc de Berri. Elle était accompagnée de M. le duc d'Avré. Nous allâmes à sa rencontre jusqu'au St-Esprit avec le lieutenant-général Donnadieu. La princesse marchait à petite journée, et, chaque soir, nous assistions aux réceptions.

A notre arrivée à Valence, le général eut la mission de continuer l'accompagnement. Il était placé à la portière de droite, et moi à celle de gauche. La mise de la princesse ne se faisait remarquer que par sa grande simplicité. Une extrême timidité, naturelle à sa jeunesse, voilait encore les agréments qui, plus tard, la firent admirer.

A l'époque du voyage que Madame la duchesse fit en Bretagne, en ma qualité de commandant du fort Penthièvre, j'eus la haute faveur d'être admis à sa table. Chaque convive admirait tout ce que la princesse avait gagné d'agréments à la cour de

France, et combien elle y avait acquis d'a-
mabilité et de grâce.

Au retour de notre mission auprès de la
princesse, les événements de Grenoble auxquels je n'ai jamais rien pu comprendre,
n'étaient point encore apaisés, ce qui ren-
dait la position du général Clerc fort difficile en raison de la sévérité des mesures
prescrites. Il fallait faire son devoir et calmer l'exaspération qu'excitait le désarme-
ment; de nombreuses colonnes mobiles furent mises en mouvement. Le général en
donna le commandement à des hommes
d'une prudence et d'une sagesse reconnues.
Après de telles précautions, tout finit bientôt par rentrer dans le calme.

A cette époque, il fut regrettable de voir
à la tête des régiments des hommes d'un
royalisme outré. Parmi eux figuraient de
jeunes et nouveaux officiers sans expérience qui croyaient donner des preuves
d'attachement au souverain en se livrant à
des extravagances. On les voyait parcourir
les rues, colonels en tête, portant le buste
de S. M. qu'ils accompagnaient de chansons

analogues à l'époque. Puis, fatigués de leur
course, ils s'établissaient dans un café, en-
touraient le buste placé sur une table, re-
prenaient leurs hymnes qui n'avaient rien
de pacifique, puis lançaient un regard fa-
rouche et provocateur à ceux par qui ils
croyaient être désapprouvés. Cependant, peu
à peu, on remarqua que ce sentiment d'exa-
gération s'affaiblissait : on en profita pour
tenter une fusion, on imagina de donner
une brillante fête. Les généraux, le Grand
Prévôt, Bouchu, et d'autres qui se trouvaient en inspection se réunirent pour en
arrêter les dispositions. Le général Clerc eut
le bon esprit de proposer d'inviter sans distinction d'opinions. Cet avis fut approuvé.
Ces Messieurs s'inscrivirent pour cent vingt
francs chacun; les colonels, pour quatre-
vingts; les capitaines, pour quarante; enfin,
tous proportionnellement à leurs grades.
Cette fête improvisée fut ravissante. Les dames qui y assistèrent furent dans l'enchante-
ment. Leur présence retint dans les bornes
des convenances les jeunes étourdis. L'aspect
de Valence était entièrement changé. Nous

quittâmes cette ville à la fin de 1816, pour aller à Verdun-sur-Meuse, où nous restâmes à peine un mois.

Le général Clerc reçut l'ordre d'aller commander à Chalon-sur-Marne, d'où nous partîmes après cinq mois de résidence, pour nous rendre à Alençon. Là, tout était bien plus troublé encore qu'à Valence. On avait placé dans les régiments de cavalerie et d'infanterie des hommes sortant des services étrangers pour remplacer de dignes et braves militaires, sur lesquels planaient d'injustes méfiances. Le corps de gendarmerie, cette arme si dévouée, si utile pour la tranquillité du royaume, fut pour ainsi dire désorganisé. Ce qui n'eut rien de surprenant, puisque l'organisateur désigné était autorisé à renvoyer tous les anciens militaires, pour les remplacer par des hommes de son choix. Le petit nombre des anciens qui restèrent, étaient non seulement tyrannisés par les nouveaux, mais aussi par toutes les autorités, également renouvelées. Leur expérience militaire leur donnait le droit d'émettre leur avis dans le conseil pour l'intérêt du service;

mais les nouveau-venus leur fermaient aussitôt la bouche par des paroles de mépris, telles
que celles-ci : « Nous ne sommes plus sous le
règne de l'Usurpateur, nous sommes sous celui de la justice et de la probité. » Dans leur
honte de ne pas être au courant de leurs devoirs, et d'être alors soumis au contrôle de
ceux qui connaissaient leur métier, ils s'indi-
gnaient et employaient l'arme de la calomnie
en les peignant comme dangereux et indi-
gnes de servir S. M. Leur vengeance réussis-
sait, car il se présentait un novice commis-
sionné disant à l'ancien : « Monsieur, je
viens vous remplacer. » Beaucoup de ceux-
ci se disaient sous le règne de la justice et
de la probité, sans se soucier de les mettre
en pratique. L'un d'eux avait été nommé
capitaine à la résidence d'Orléans, et s'y
plaisait beaucoup. Tout-à-coup, il reçoit
brusquement son changement. Indigné, il
court se plaindre au bureau de la guerre.
Il élève la voix : le chef le laisse parler,
après quoi il lui dit : « Vous êtes bien heureux, Monsieur, d'en être quitte à si bon
marché, car voici une liste qui méritait vo-

tre destitution. En même temps, il lui fit lecture des sommes qu'il avait reçues pour des hommes qu'il avait affranchis de la conscription !.... Quel règne de probité.....

Ce capitaine ne s'était pas borné à recevoir illicitement cet argent. Dans la retraite de Hollande, il y eut une débâcle qui fit disparaître la régularité des services, même dans la solde, car, pendant un certain temps, on n'en reçut pas. Cependant, plus tard, le quartier-maître recouvra cet arriéré. Il était dû à une compagnie de gendarmerie d'assez fortes sommes ; elles furent payées sur les états du quartier-maître, qui, ne recevant aucune réclamation du reste des gendarmes qui avaient échappé au désastre, fit de cet argent une espèce de masse noire. On se garda bien de mettre dans la confidence le lieutenant de la compagnie, homme irréprochable, d'une probité que nul ne pourrait surpasser. Je suis heureux d'être en intimité avec cet estimable officier de la gendarmerie d'élite, dont la vie est remplie de traits de désintéressement peu communs.

Ce capitaine donc, nouveau protégé du règne de la justice, fut envoyé pour prendre le commandement de cette compagnie, et fut du nombre de ceux qui se partagèrent l'argent dont j'ai fait mention. Le lieutenant qui ne soupçonnait pas ce qui se passait, croyant que tous avaient, comme lui, des sentiments loyaux, l'apprit cependant par un effet du hasard; mais il ne voulut ni en parler, ni participer à ce manque de délicatesse.

Le capitaine ayant reçu son changement, faisait ses préparatifs de départ: il avait un très beau cheval qu'il voulait vendre et qui plaisait au lieutenant. Après quelques débats sur le prix, le capitaine lui dit: « Ecoutez, je vous donnerai mon cheval pour six cents francs, si vous me laissez prendre trois cents francs sur la masse noire. » Le lieutenant qui ignorait tout, lui répondit: « Mais de quelle masse parlez-vous? » La cachotterie fut découverte. Le lieutenant soupçonna alors des fraudes, et usa du droit qu'il avait de visiter les comptes et la caisse. Il découvrit une autre fraude. Cette caisse devait contenir soixante ou quatre-vingt mille francs, et elle était vide. On trouva un moyen pour remettre au lendemain cette vérification, et on eut tout le temps de remplir le vide, en retirant momentanément l'argent placé à intérêts.

Je doute fort que les officiers de gendarmerie du règne qui fut nommé règne de l'usurpation, eussent ainsi exposé leur caisse à une banqueroute.

Un autre protégé du règne de probité sollicite et obtient une compagnie de gendarmerie. Il avait le titre de comte et sortait du service de Hollande. Il se présente au lieutenant qui commandait par intérim, et lui demande quel sera son traitement. — « Trois cents francs, répond le lieutenant. — Pas plus ? — Vous aurez, en outre, trois cents francs pour vos frais de tournées. — Combien de tours de bâton? — Rien, M. le comte; le tour de bâton est inconnu dans la gendarmerie. — Parbleu, dit le comte, me voilà bien avancé... Eh bien! puisque je n'ai que cela, je n'en prendrai qu'à mon aise! » Il tint parole ; et lorsque quelque

autorité le faisait appeler dans l'intérêt de
son service, il envoyait à sa place le lieutenant en lui disant : « Je vous prie d'aller
vous informer de ce qu'on me veut; vous di-
rez que je suis souffrant. » Certes, l'ancienne gendarmerie servait autrement que
cela ?

Un autre protégé du gouvernement de la
justice, lieutenant à la résidence de Montar-
gis, écrivait à son capitaine : « On assure
que l'Usurpateur doit passer à ma résidence,
je ne pense pas qu'il puisse m'échapper, et
je prends mes mesures pour vous l'envoyer
dans une cage de fer! » Un peu plus tard,
ce même officier écrivait : « Heureusement,
je n'avais pas fait préparer la cage de fer.
L'Empereur est bien passé, mais l'enthou-
siasme de toutes les populations est au comble. Jamais on ne vit pareils transports de
joie ! et, puisque ce grand homme nous est
rendu, crions tous : Vive l'Empereur ! »

Quel dévoûment sublime ! Ce fut bien la
peine de s'épuiser à crier : Vive le Roi ! pour
en user de suite de même pour l'Empereur.
Rien n'est plus facile que de prendre un

masque hypocrite. Ce fut toujours par ce motif que, pendant tout le temps de ma longue carrière, je me refusai constamment à me faire juger par ces trompeuses démonstrations; et, dans la ville d'Alençon, comme ailleurs, je me plaisais à fuir les sociétés que je savais être d'un royalisme immodéré; mais cette mesure que je jugeais prudente, faillit me devenir funeste, car quoique je fusse incapable de déroger à mon devoir, je n'étais pas moins, sans m'en douter, l'objet de la surveillance spéciale de la gendarmerie et de la police, comme je le montrerai.

Quel mépris ne doit-on pas porter à ces hommes qui, affectant un beau dévoûment pour le souverain, ne cherchaient qu'à vous faire subir le châtiment des plus grands criminels, seulement en vous supposant des sentiments d'attachement à l'Empereur!

A cette époque, la police lançait sur nous ses agents, vils et infâmes provocateurs. Cinq à six étaient arrivés à Alençon, et, ayant le mot d'ordre de la police et de la gendarmerie, ils se présentaient chez les officiers que l'on croyait peu dévoués au nouveau souverain. Deux de ces espions se présentent chez notre portière, et j'entends prononcer mon nom.. Je m'avance. L'un me demande le général Clerc, et se dirige chez lui; l'autre reste auprès de moi. C'était un vieillard : Je ne me méfiais nullement de ce traître. Il se peignait comme étant excessivement malheureux !

Après quarante années de service, me dit-il, je me trouve sans le plus léger secours de ce gouvernement. Je me rends à Paris, muni de recommandations de M. le lieutenant-général Coutard, et je me trouve dans la nécessité de réclamer la charité de mes anciens frères d'armes pour ce voyage!... Je lui fis donner cinq francs par ma domestique. Il chercha, par un langage insidieux, à me compromettre et à me faire critiquer Louis XVIII. Je ne soupçonnais pas encore son indigne dessein, mais bien m'en prit de lui répondre que sa position offrait peu d'exemples, que ce n'était certainement pas la faute du gouvernement, et que si sa pension n'était pas réglée, c'est que probablement il n'avait pu justifier de ses droits à la retraite... »

Nous apprîmes le lendemain que ces mendiants provocateurs vivaient à l'hôtel, à cinq francs par tête. Ce fut de cette manière qu'ils parvinrent à faire passer par les armes le malheureux colonel Caron et tant d'autres.

Nous avions, comme presque partout, de nouveaux officiers de gendarmerie, dont le capitaine se nommait M. de Vaugiraux. Il se présenta un jour chez moi, sous des formes aimables, en demandant à me parler en particulier. Je le conduisis au jardin ; là, prenant un ton grave, il me dit que, dans mon intérêt, il venait me donner des conseils, attendu, ajouta-t-il, que je m'exposais par des démarches de la plus grande imprudence : « car, on vient de m'apprendre que vous vous êtes absenté cinq ou six jours de votre résidence pour vous rendre au Mans, où vous avez influencé les élections pour favoriser celle de Benjamin Constant..... » Si M. de Vaugiraux avait connu un peu mieux son métier, rien ne lui eut été plus facile de s'assurer du contraire de cette atroce calomnie ; mais il ne voulut point prendre ce soin. Je bondissais de fureur. « Je ne veux pas, lui dis-je, vous demander le nom de celui qui a fait ce rapport ; vous ne me le diriez pas ; cependant, on aurait un bien grand plaisir à lui brûler la cervelle!!... » Il s'aperçut qu'on l'avait trompé ; mais je n'étais pas disposé à m'en tenir là... Je voulais écrire de suite au ministre de la guerre pour lui donner cette explication, et le prier d'ordonner une enquête et me faire rendre justice de cette accusation. Mais je ne pus écrire ; la colère me faisait trembler de tous mes membres... Je courus chez le général qui me conseilla de renoncer à cette démarche. Il fit appeler M. de Vaugiraux dans son cabinet, et l'obligea de convenir qu'on lui avait fait un rapport mensonger. Mais il ne voulut jamais nommer l'infâme dénonciateur.

En 1821, il y eut une nouvelle organisation des subdivisions militaires, et le général Clerc fut mis à la demi-solde et par le même motif, je le fus également. Je partis pour Châlons, afin d'y faire donner le baptême à mon fils, que je perdis à dix-neuf ans et neuf mois. Sa pauvre mère l'avait précédé au tombeau de 50 jours seulement. Il n'y avait que trois jours que j'étais arrivé, et j'attendais mes uniformes pour faire visite au général Guéret, qui commandait le département. Un gendarme se présente à moi, me remet de sa part un billet contenant ce peu de mots : « M. le capitaine Pagan voudra bien se présenter chez moi de suite, pour recevoir une communication qui l'intéresse. » Je compris le motif de la mauvaise humeur que paraissait avoir contre moi le général. Je fus bientôt chez lui. Après avoir fait anti-chambre pendant une forte demi-heure, il vint à moi bouillant de colère, parce qu'en descendant de voiture je n'étais pas allé le voir, et me traita comme un intrigant et un conspirateur. J'attendais, lui dis-je, mes uniformes. « Monsieur, vous deviez vous présenter comme vous êtes. » Le sang-froid avec lequel j'écoutais ses grossières épithètes, sembla le déconcerter. Je n'avais rien à craindre de sa menaçante colère, je savais être bien noté au bureau de la guerre.

Qu'un général, à cette époque de si triste

souvenir, était injuste de brusquer ignomi-
nieusement de prime abord un officier, par
ce seul motif que, rentrant à demi-solde, il
en augurait que j'avais démérité de la confiance de S. M. Mais M. le général Guéret me
prouva bien, peu après, son repentir de m'a-
voir maltraité, lorsqu'il reçut pour moi non
seulement des lettres de service, mais encore
d'avancement.

Le général St-Geniez n'ayant pu vivre avec
plusieurs aides-de-camp, alla en demander
un. On lui présenta le contrôle de ceux non
employés, et tombant sur mon nom. Voici
Monsieur Pagan, brave homme, bien noté,
qui se trouve en demi-solde par le motif que
son général a été mis dans cette position : il
m'accepta. Il me fit asseoir à côté de lui,
et nous échangeâmes quelques paroles fort
convenables. Chose singulière, après tout
cela, nous nous quittâmes presque amis.
Mais nous le devînmes bien davantage, lorsque, huit jours plus tard, il reçut pour moi,
des lettres de service du ministre de la
guerre, et il dût avoir du regret de son in-
justice ; il me les envoya avec invitation

d'aller lui parler... Il s'était convaincu que je n'étais pas un conspirateur, qu'au contraire, j'étais bien noté au ministère, puisqu'on ne me laissait pas à demi-solde. Alors, il ne m'adressa plus que des paroles de douceur. Il finit enfin par me faire consentir à changer ma destination, pour devenir son aide-de-camp.

Les efforts qu'il fit pour cela furent inutiles ; il me fallut rejoindre à Bourges. Je n'étais que depuis un mois dans cette ville quand je reçus ma nomination de chef d'escadron au corps royal d'état-major. Je revins encore à demi-solde à Châlons, mais cette fois, le général Guéret m'accueillit mieux que la première. Quinze jours après, en 1823, il avait reçu encore de nouvelles lettres à mon adresse, qui portaient l'ordre d'aller commander à Pont-de-Beauvoisin, extrême frontière de Savoie, où je suis resté quatre ans et demi. C'est dans cette place que j'ai joui de la faveur de recevoir S. M. Louis-Philippe, alors duc d'Orléans, qui revenait de la cour de Turin ; sa voiture de voyage était une espèce d'omnibus qui contenait toute sa nombreuse famille. J'eus l'honneur de lui présenter toutes les personnes qui désiraient lui offrir leurs hommages, et je n'oubliai pas de lui recommander une bonne et excellente sœur des pauvres que j'avais à côté de moi, et sur un signe du prince, trois napoléons lui tombèrent dans la main; j'en ajoutai un demi, et M. le lieutenant-général me chargea de lui compléter quatre-vingts francs. Je jouissais de voir cette pauvre sœur toute tremblante de joie de se voir cette somme pour soulager les misères de tant de malheureux qu'elle tenait sous sa protection; je présentai aussi mon pauvre fils, âgé alors de cinq ou six ans; le prince l'enleva sur ses genoux, le caressa beaucoup et lui remplit sa casquette de bonbons, lui disant : « Tu les trouveras excellents, car ils viennent de Turin. » Un colonel, aide-de-camp du prince, tenait la portière de la voiture; je lui demandai tout bas de me faire connaître le duc de Chartres. Le prince m'entendit: « Monsieur le commandant, vous demandez à connaître mon fils aîné, le voici, j'ai l'honneur de vous le présenter. » Je saluai respectueusement ce jeune prince si regretté maintenant !!... si généralement apprécié, se montrant chaque jour, plus digne du rang suprême qui l'attendait !!!... donnant aux Français de douces et flatteuses espérances !!.....

Je causai beaucoup avec S. A. R. le duc d'Orléans, lui rappelant que j'avais servi avec lui sous le général Dumourier, je lui parlai des généraux de cette époque, entre autres du général Leveneur ; c'est du prince que j'appris que ce brave homme vivait encore à Alençon, mais qu'il avait perdu complètement la vue.

Je quittai ce commandement pour aller prendre celui du fort Penthièvre, dans la presqu'île de Quiberon, où se termina ma longue carrière militaire.

Je ne finirai pas cette esquisse de mes souvenirs, sans remettre en scène l'honorable général Duhesme, et le brave et loyal général d'Ordonneau, son élève. Nous avons laissé le premier sous la disgrâce de l'Empereur, qui, mais trop tard, ne l'en retira qu'au moment où la couronne chancelait sur sa tête, en 1813, année où j'étais encore prisonnier en Russie. Ce fut dans cette campagne que le général Duhesme, servit, pour la première fois, directement sous les yeux de Napoléon, qui, de ce moment, pu se convaincre qu'il était digne d'être classé au nombre des plus braves généraux de son armée!... Il l'apprécia, et regretta de ne pouvoir récompenser dignement son admirable conduite sur les champs de bataille,.... mais il n'était plus en mesure de donner essor à sa munificence!... il ne put que le faire comte, sans dotation!!... Mais bornons-nous à laisser parler le général Montélégier, mon ancien camarade d'état-major.

À mon retour des prisons de Russie, j'allai voir cet ami, et, en parlant de cette campagne de France, il me dit : — Je puis t'assurer, mon cher Pagan, qu'aucun militaire ne montra plus de talent et de bravoure que le général Duhesme, qui servait sous les ordres du duc de Bellune ; il s'acquit une gloire immortelle, et je t'assure que je donnerais volontiers l'un de mes bras pour avoir mérité une si brillante et si honorable réputation!...

Revenons aussi sur le compte du général d'Ordonneau, qui, en tout temps, fit ses preuves de bravoure, d'humanité (1), de bonté et de bienfaisance..... Il a fait, en 1823, la guerre d'Espagne, ancien théâtre de sa gloire!... Il était aimé du Dauphin, et rentra lieutenant-général. Deux généraux sans gloire que je me dispense de nommer, l'un servant dans la même division que moi, en Russie, ne parut pas sur le champ de bataille de la Moskowa, disons bonnement, que de cinq généraux et de tous les officiers d'état-major, nous nous retrouvâmes seuls, le vieux général Bouvier, baron des Éclats, et moi, sur le champ de bataille; le second, dont je veux parler, fut fait à Gand, maréchal-de-camp. Comprend-on que ces deux

(1) Ce fut, en effet, ce sentiment qui, pendant son commandement à Lyon, dans les douloureuses journées de novembre 1831, lui fit, d'accord avec M. le préfet Bouvier-Dumollard, prendre la résolution de monter à la Croix-Rousse, le quartier général de l'insurrection, pour ramener les ouvriers dans le devoir et prévenir de plus grands malheurs. On sait qu'il y fut retenu prisonnier pendant quelques heures.

messieurs qui, à peine connurent les dangers de la guerre, critiquèrent la promotion de M. d'Ordonneau, si éloigné qu'ils étaient de le valoir!... En vérité, il y aurait de quoi crier vengeance de se voir rabaisser par des mazettes, nom que leur donna ce si digne officier-général qui ignore cette circonstance, car je me suis toujours abstenu de lui en parler. J'aurais bien voulu voir ces deux critiqueurs, non connus par des exploits, faire des expéditions de guerre en compagnie de mon héros, par exemple, dans les dernières affaires de la campagne de France, comme ce dernier, depuis Lyon jusqu'à Châlons, avec sept ou huit cents hommes, servant sous les ordres d'un traître, battre chaque jour des forces trois fois plus considérables que les siennes, leur faisant courir la poste sans leur donner le temps de boire un verre d'eau!... Ce que j'avance est si connu que, si l'on veut s'en convaincre, il suffirait de questionner n'importe quel habitant de Saône-et-Loire!... Je ne crains pas de comparer ces deux antagonistes à ce colonel, qui, sous Barcelone, se faisait ramener ayant quatre bataillons, alors que mon général d'Ordonneau n'en voulut qu'un pour arracher une victoire facile !... Mais M. d'Ordonneau n'était pas homme à s'amuser à marchander l'ennemi, sa résolution de l'attaquer était prompte, il tirait de sa poche sa longue vue qui ne le quittait jamais, et, en peu d'instants, il avait jugé du mouvement qu'il avait à faire; puis, il marchait sur l'ennemi, le plus souvent l'arme au bras, car il se montrait fréquemment avare de poudre, et ne tardait pas d'arracher la victoire !... Souvent j'ai fait cette réflexion qu'il eut été bien de le surnommer, comme le général Duhesme, général *Baïonnette*.

J'aime à croire que, dans ce récit de mes souvenirs, personne ne m'accusera de vouloir flatter. Je raconte ce que j'ai vu, sans affirmer rien de ce qui seulement me fut raconté; j'aime le général d'Ordonneau, et je n'ai besoin ni de lui ni de personne, car, sans être riche, je puis vivre honorablement, et je n'aurais que mon traitement que je n'en mépriserais pas moins les flatteurs.

FIN.   (A Châlons, le 2 mars 1843).

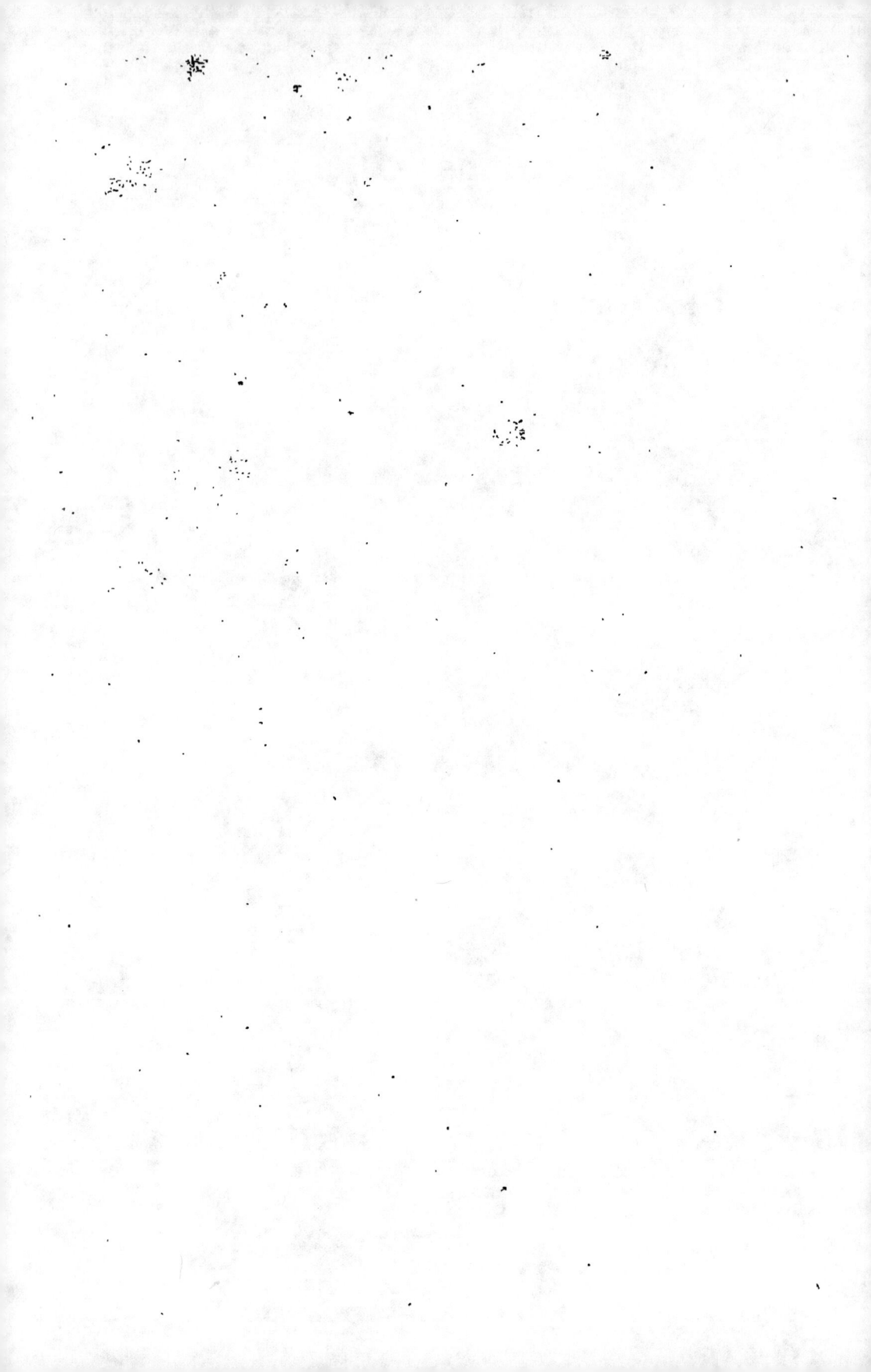

www.ingramcontent.com/pod-product-compliance
Lightning Source LLC
Chambersburg PA
CBHW062221270326
41930CB00009B/1820